现代应用文写作

第2版

主　编　林红卫　李　康

副主编　林　涛　周　冰

参　编　张超琳　王静文　秦　博　孙丽丽

　　　　刘　琪　王　威　李月红　王媛媛

机械工业出版社

本书根据高技能人才今后从业的实际需求编写，充分体现了“以职业能力为本位，以职业实践为主线，以专业方向为主体”的一体化教学要求。本书主要包括条据、日常文书、事务文书、经济文书、宣传文书、礼仪文书的写作等内容。为方便教师授课，本书还配有电子课件。

本书可供技工院校、职业技术学校、职业高中的师生使用。

图书在版编目（CIP）数据

现代应用文写作/林红卫，李康主编. —2 版. —北京：机械工业出版社，2021.12

ISBN 978-7-111-69602-5

Ⅰ. ①现… Ⅱ. ①林… ②李… Ⅲ. ①汉语－应用文－写作－现代应用文写作 Ⅳ. ①H152.3

中国版本图书馆 CIP 数据核字（2021）第 233132 号

机械工业出版社（北京市百万庄大街 22 号 邮政编码 100037）

策划编辑：陈玉芝　　　　责任编辑：陈玉芝　王　博

责任校对：炊小云　王明欣　封面设计：马精明

责任印制：李　昂

北京富博印刷有限公司印刷

2022 年 1 月第 2 版第 1 次印刷

184mm×260mm · 11 印张 · 259 千字

0001—1900 册

标准书号：ISBN 978-7-111-69602-5

定价：39.80 元

电话服务　　　　　　　　网络服务

客服电话：010-88361066　机　工　官　网：www.cmpbook.com

010-88379833　机　工　官　博：weibo.com/cmp1952

010-68326294　金　　书　　网：www.golden-book.com

封底无防伪标均为盗版　　机工教育服务网：www.cmpedu.com

前言

本书第1版自2012年出版以来，先后重印六次，深受广大技工院校、职业技术学校师生的好评。因出版时间较长，部分内容已不能满足教学的需求，故针对当前我国职业教育的特点和实际，修订了本书。

本书充分体现了“以职业能力为本位，以职业实践为主线，以专业方向为主体”的一体化教学要求，反映了我国职业教育专业建设实际，体现职业教育改革的趋势和新的教育理念，有利于高技能人才的培养和素质提升。

本书在结构上大胆地突破以往教材的编写模式，努力使教材的体例更符合学生的学习需要。本书每章均从内容综述入手，导出理论知识，通过细节透视与相关知识链接，突出例文的实用性和全面性，让学生有模式可仿写，操作性强，从而达到学以致用的目的。

本书在内容设计上具有以下鲜明特色：

一、通过内容综述及例文，使学生更容易入门，知识更加直观形象，实际可操作性更强。

二、突出精讲多练的原则，体现案例教学方法的特色优势。书中的大量案例与工作和生活联系紧密，有助于提升学生学习的愿望与兴趣。

三、以课题研究过程中编写的校本教材为范本，通过实践教学查漏补缺，吸收学生急需掌握的实用文体，如“个人简历”“说明书”“合同”，扩大信息含量，拓宽学生视野，体现时代特色与教学改革新成效，充分体现为课堂服务的教学理念。

本书由林红卫、李康担任主编，林涛、周冰担任副主编，张超琳、王静文、秦博、孙丽丽、刘琪、王威、李月红、王媛媛参与编写。本书在编写过程中参阅了相关书籍和大量资料，特别向这些文献的作者表示诚挚的谢意，并向支持本书编写的专业教师和专家表示感谢。

由于编写时间紧迫，作者水平有限，书中难免存在不足之处，敬请专家和广大读者提出宝贵意见，以便再版时修订，使之日臻完善。

编　者

目录

第一章　条　　据

条据是用来处理临时性事物，起告知说明或凭证说明作用的一种篇幅短小、格式固定、使用简便的条文式专用文书，一般分为告知性条据和凭证性条据两大类。前者称为便条，如请假条、留言条等；后者称为凭据，如借条、欠条等。它们都有固定的格式。

条据是作为某种凭据的便条，是日常生活中最常见、最简便的应用文。条据的特点在于一个"便"字：写起来简便，看起来方便。纸小而作用大，切莫小觑了便条字据。当前社会上很流行印有姓名、职称（职务）和通信方式的名片也是一种条据。被访者不在的话，访者可以留下名片，或在名片上写些短话。收到名片的人，或回访，或通信、打电话，成了礼节性交往的惯例。

第一节　便　　条

学习重点

★　了解便条的概念及特点。

★　掌握便条的书写要领，能按便条的基本格式写作。

写作指导

一、便条的概念

便条是人们在日常生活、学习、工作中要向有关人员简单说明事项，而又不能面谈的时候使用的一种简便的书信或通知。

二、便条的种类

便条按内容和用途不同，分为请假条、留言条、托事条、意见条、应邀便条、辞别便条等。

便条的特点

1. 实用性强。
2. 篇幅短小。
3. 格式固定。

小资料

三、便条的写作方法

1. 请假条

请假条是因事或因病不能出勤，向单位、组织或负责人请求给予假期的便条。

请假条的写作方法与一般书信大体一致，通常由标题、称呼、正文、祝颂语和落款五部分组成。

(1) **标题** 标题位于首行正中，直接书写“请假条”即可。为了更加突出、醒目，标题字号一般要大于正文字号。

(2) **称呼** 第二行顶格写收信人的称呼和冒号以示尊重。不必写敬语，可以直接称呼其身份，如“×老师”“×主任”等。

(3) **正文** 正文在称呼之下另起一行，空两格后书写。正文内容要简洁明了，明确说明请假的理由、请假的起止时间；如有其他事情需要交代，可另起一行。

(4) **祝颂语** 在正文之后便是祝颂语。一般在正文写完后另起一行空两格写“此致”，再转下一行顶格写“敬礼”(后面不加标点符号)。

(5) **落款** 包括署名和日期。署名写在正文的右下方，另起一行在署名的下面写上日期。如果是写给老师的假条，姓名前加上“学生”二字，表示对老师的尊敬。

细节透视

便条的作用

便条是一种简便的书信或通知，用来向别人说明事项。它不用邮寄，而是直接面交、托人转交或留置交与。

例文一

请　假　条

吴老师：

昨天晚上气温突然下降导致我身体出现不适症状，经医生诊断为重感冒，今晨还没有完全退烧，无法上学，特请病假两天（2021.4.20～2021.4.21），敬请批准。

附医院证明。

此致

敬礼

学生：王××

×年×月×日

2. 留言条

在日常交往中，因没有见到对方，但又有话要告知，或有些事要托付其办理，这时可写张便条留给对方，这种简明的说事传意的便条就叫留言条。

留言条的写作方法与要求跟请假条大体一致，但一般不用标题，也不必写祝颂语。其中署名可以是全名，也可以是小名或外号等，但必须让对方明确知道是谁；日期可写某月某日，也可具体到几时几分。

例文二

杨处长：

厂部办公室来电话，请你明天上午9点到厂部三楼会议室开宣传干部思想工作汇报会议。请你准备好材料，按时到会。

陈××

×年×月×日

例文三

小宋：

今天上午8点，你北京的朋友王××来电话，说劳动节期间要来看望你。你下班后给他回个电话，他的电话是135××××××××。

刘××

×年×月×日

3．托事条

请人代办某些事情，但因故不能当面相托，将所托之事留言告知，此时所写的便条就是托事条。托事条的写作方法与留言条相同。

例文四

孙老师：

听说您明天去上海出差，若方便，请您在上海帮我买几本车床维修方面的书，我们这里暂时缺货。费用请您先代垫，回来再向您付清。有劳大驾，不胜感激！

王××

×年×月×日

便条写作的注意事项

1. 语言要简洁，切忌长篇大论。
2. 理由要充分，要符合相关的规章制度。
3. 所托之事须是对方愿意且容易办到的。
4. 必要时可附上联系方式。

思考与练习

一、简答题

1. 什么是便条？便条的种类有哪些？

2. 便条写作的注意事项有哪些？

二、改错题

下面一则应用文在格式、内容方面存在许多不当的地方，请指出四处并加以改正。

请　假　条

尊敬的王处长:

您好！今天是星期天，按理明天我应该上班，可我因故不能按时上班了，还望您原谅并准假。不胜感激！

此致

敬礼

高数控8班　李××

×年×月×日

三、写作题

1. 你的好友要去杭州旅游，请写一张托事条托他办事。要求：所托之事须对方愿意且容易办到。

2. 假如你所在的班级将于今年9月30日举办一场“迎国庆”联欢会，你是组织者之一，放学后去班长家提醒他别忘了提前邀请任课教师，恰巧班长不在家，请拟写一张留言条。

第二节　凭　　据

学习重点

★　了解凭据的概念及特点。

★　掌握凭据的写作要领，能按凭据的基本格式进行写作。

写作指导

一、凭据的概念

凭据性条据（简称凭据），指的是为证明某一事实或契约而出具的条据，一般要求出具者在某一事实或契约发生前写作完毕，并交由接收者作为一种信誉的保证和凭证加以保存。

二、凭据的种类

凭据的种类大致有借条、欠条、收条和领条等几类。

凭据的特点

1. 实用性。
2. 广泛性。
3. 多样性。

三、凭据的写作方法

1. 借条

借条又叫借据，是指在借到个人或集体的钱物时所写的条据。借条是一种非正式契约，通常在归还了钱物后，由立据者收回或当场销毁。

借条一般包括标题、正文和落款三部分。

(1) **标题**　借条的标题可以有两种书写方式：第一种，在正文上方中间写“借条”或“借据”字样；第二种，在第一行空两格后写上“今借到”作为标题，而正文的其他内容另起一行顶格写。

(2) **正文**　首先，要写明从哪里借到的什么东西，数量多少，要写明所借钱物的数目及物品的品种、型号、样式和规格等，借出方也需写清楚。其次，要写明归还物品或钱物的具体日期或大致时间，如果有复杂情况，则要写明具体的归还方法。

(3) **落款**　要写上写借条人的单位名称和经手人姓名或借方的姓名，必要时需加盖公（私）章，以示负责。单位、个人名称前一般写上“立据人”或“借款人”字样。

在署名下方还要写上所借钱物的具体时间，年月日要写完整。

例文一

借　据

今借到学生处音箱一个和演出服一套，四天后归还。

平面设计 1 班：刘尧
2015 年 9 月 18 日

例文二

借　条

今借到财务处人民币肆仟元整，出差回来报销后还款。

此据。

借款人：张文文（签名盖章）
2018 年 4 月 18 日

例文三

借　　条

今借到王利明（身份证号：230307×××××××××××××）现金人民币伍拾肆万捌仟元整（548000元），年利3%，2019年10月31日前本息一并归还。

此据。

借款人：刘希（按印）
身份证号码：230307×××××××××××××
2018年5月28日

例文四

今借到

总务处拖布肆把、铁桶陆只、垃圾箱柒个，两天后归还。

高数控9班 宋×
×年×月×日

2. 欠条

欠条是个人或单位在欠款、欠物时写给相关单位或个人的凭证性应用文。

欠条一般包括标题、正文和落款三部分。

（1）**标题**　在正文上方中间以较大字体写“欠条”两字。

（2）**正文**　要写清欠什么人或什么单位什么东西、数量多少，并要注明偿还的日期。

（3）**落款**　落款要署上欠方单位名称和经手人的亲笔签名，并署上写欠条的日期。有相关单位的要加盖公章。

例文五

欠　　条

2018年5月4日借到于海人民币捌佰元整，立此欠条，作为凭证。

张红（按印）
2018年5月4日

例文六

欠　　条

原借李长河（身份证号：230307×××××××××××××）人民币伍万元整，已还壹万元整，尚欠肆万元整，自此日起两个月内还清。

刘雷（按印）
（身份证号：230307×××××××××××××）
2017年8月16日

3．收条

收条是收到别人或单位送到的钱物时写给对方的一种凭据，也称作收据。收条可写一份，也可采用由对方提供的两联单或三联单，以便日后核实之用。其中第一联是存根，第二联或第三联作为报销凭证。归还钱物时，如果出借方不在场，而由他人出面代为收下时，代收者应出具“代收条”。

收条一般包括标题、正文和落款三部分。

（1）**标题** 标题的写法有两种：

1）直接写上“收条”或“收据”字样。

2）把正文的前三个字作为标题，而正文从第二行顶格处接着往下写，如用“今收到”“现收到”“已收到”做标题。

（2）**正文** 正文一般是在第二行空两格处开始写，但以“今收到”为标题的收条是不空格的。正文要写明收到钱物的数量、规格等情况。

（3）**落款** 落款处写上收钱物的个人或单位的名称，署上收到的具体日期，必要时需加盖公章。如果是某人经手的，一般要在姓名前署上“经手人”的字样；代别人收的，则要在姓名前加上“代收人”字样。

细节透视

凭据的作用

凭据是单位或个人在收到、借到、领到所欠钱物时出具的凭证，关系到当事人的切身利益，所以其具有法定证据的效力。

例文七

收　　条

今收到××市关工委送来的科教图书叁仟册。

××技师学院
经手人：李××
×年×月×日

例文八

今收到

刘××同学还给体育组的网球拍贰副，完好无损。

代收人：李××老师
×年×月×日

4．领条

领条是领取钱物的单位或个人在领到钱物后，为发放物品的单位或个人所写的凭据。领条一般包括标题、正文和落款三部分。

（1）**标题** 领条的标题写在正文正上方，字体稍大。标题一般有两种书写方式：一种是直接写上“领条”字样；另一种是以正文内容的前三个字为标题，即以“今领到”作为标题，这类标题的正文需顶格写。

(2) **正文**　正文一般从标题下一行空两格处开始写。(但以“今领到”为标题的领条是不空格的)，写明从哪里领取，领取的东西有什么，其数目有多少。

(3) **落款**　落款要在正文右下方写上单位、经手人的名称、姓名，名下署上日期。必要时需加盖公章和私章。

例文九

领　　条

今领到后勤保障部发放的工作服叁拾套，防护口罩陆拾个，手套陆拾双。

此据。

数控车间：唐明

2017年6月22日

例文十

今领到

办公室新发的办公用品钢笔贰拾支、蓝黑墨水拾瓶、档案袋叁拾个、稿纸伍本。

教务处：张××

×年×月×日

凭据写作的注意事项

1. 空白处不要过大。
2. 大小写要分清。
3. 日期要写清楚。
4. 内容要清楚明了。
5. 姓名要写全。
6. 不用同音同义字。
7. 印章使用要规范。
8. 写完后要认真核对。
9. 不用易褪色墨水笔书写。

相关知识链接

大写数字的使用

历史渊源

大写数字的使用始于明朝，朱元璋因为当时的一件重大贪污案“郭桓案”而发布法令，其中明确要求记账的数字必须由“一、二、三、四、五、六、七、八、九、十、百、千”改为“壹、贰、叁、肆、伍、陆、柒、捌、玖、拾、陌、阡”等复杂的汉字，用以增加涂改账册的难度，后来“陌”和“阡”分别被改写成“佰”和“仟”，并一直使用到现在。

大小写数字对照

不管是阿拉伯数字（1、2、3……），还是汉字小写数字（一、二、三……），笔画都很简单，容易被涂改伪篡。因此，一般文书和商业财务票据上的数字都要采用汉字数字大写：壹、贰、叁、肆、伍、陆、柒、捌、玖、拾、佰、仟（“万、亿、兆”，本身笔画已经比较复杂，使用机会也少，没有必要再用别的字代替）。如“3564元”写作“叁仟伍佰陆拾肆元”。

思考与练习

一、简答题

1. 什么是凭据？它有哪些特点？
2. 凭据写作的注意事项有哪些？

二、修改题

下面三则凭据存在许多不当的地方，请指出并加以改正。

题目一：

今特向教务处借到笛子一个。

×级机电×班　李×

×年×月×日

题目二：

欠　　条

原借杜×同学人民币3000元，已还1400元，还欠1600元，两个月内还清。

刘××

×年×月×日

题目三：

今　收　到

我班级国庆活动经费200元。

领取人：数控班吴×

×年×月×日

三、写作题

由于家中经济困难无力支付学费，王君同学欲向学校写一张3500元的学费欠条，自打欠条之日起一个月内将学费交齐，请帮王君同学写一张欠条。

第二章 日常文书

日常文书是广泛应用在日常工作、学习、生活中，用于处理公私事务、交流思想、联络感情、增进友谊、传达信息时使用的一种实用性文书。日常文书属于比较常见、比较简单的应用文，一般都具有实用性、礼节性和书信性的特点。

日常文书有特定的对象和行文目的，有较为固定的写作格式，有较强的时效性。写作语言要朴实、简明、准确、严谨。

日常文书具有较为广泛的社会功能，它在人们的日常交往中起着重要的作用。

第一节 个人简历

学习重点

★ 了解个人简历的概念及特点。

★ 掌握个人简历的写作要领，能按个人简历的基本格式进行写作。

写作指导

一、个人简历的概念

个人简历是求职者给招聘单位发的一份简要介绍，包含自己的基本信息：姓名、性别、年龄、民族、籍贯、政治面貌、学历、联系方式，以及自我评价、工作经历、学习经历、荣誉与成就、求职愿望、对这份工作的简要理解等。现在一般找工作都是通过网络进行，因此，一份良好的个人简历对于获得面试机会至关重要。

二、个人简历的形式和内容要素

1．个人简历的形式

一般可以分为三种：年代顺序排列型个人简历、实用型个人简历、目标型个人简历。

2．个人简历的内容要素

（1）**个人资料** 必须有姓名、性别、联系方式（固定电话、手机、电子邮箱、固定住址），而出生年月、籍贯、政治面貌、婚姻状况、身体状况、兴趣爱好等则视个人以及应聘的岗位情况可有可无。

（2）**学业有关内容** 毕业学校、学院、学位、所学专业、班级、毕业学校所在城市和国家、毕业时间、学过的专业课程（可把详细成绩单附后），以及一些对工作有利的辅修课程和毕业设计等。

(3) **本人经历** 大学以来的简单经历，主要是学习和担任社会工作的经历，有些用人单位比较看重应聘者在课余参加过的活动，如实习、社会实践、志愿工作者、学生会、团委工作和社团等其他活动。切记不要列入与自己所找的工作毫不相干的经历。

(4) **荣誉和成就** 包括“优秀学生”“优秀学生干部”“优秀团员”及奖学金等方面所获的荣誉，还可以把自认为较有成就的经历（比如自立读完大学等）写上去，或者是参加国家级学术性竞赛、国际比赛获得的荣誉等。

(5) **求职愿望** 表明想做什么，能为用人单位做些什么。内容应简明扼要。

(6) **附件** 个人获奖证明，如优秀党、团员，优秀学生干部证书的复印件，外语四、六级证书的复印件，计算机等级证书的复印件，发表论文或其他作品的复印件等。

(7) **个人技能** 专业技能、IT 技能和外语技能，同时也可以罗列出技能证书。

(8) **第三方推荐** 通过专业的职业测评系统，出具详细客观的测评报告，作为第三方推荐信，附在简历后面。一方面说明求职者的职业性格、职业兴趣，另一方面有利于用人单位判断求职者与岗位的匹配情况。

(9) **封面** 可以在个人简历上设计封面，也可以省去封面。关于封面需要注意，部分HR（人力资源管理人员）不喜欢封面，在选择封面时需慎重考虑。封面一般要简洁，可以出现个人信息，方便用人单位查阅。封面的风格要符合应聘公司的文化和背景，也要凸显自己的个性和风格。

受欢迎简历的特点

1. 明确的职业定位及目标，强调核心竞争力。
2. 简洁明了，以“数”服人。
3. 重点突出近 3 年经历。
4. 体现个性化的求职信。
5. 强化未来目标与人生规划。

三、个人简历的编写原则

在编写简历时，要强调工作目标和重点，语言要简短，多用动词，并且要避免可能会使你被淘汰的不相关信息。要知道当你获准参加面试时，简历就完成了它的使命。

个人简历写作的格式是怎样的？

(1) 循序法 按照时间的先后，列举自己学习、工作、培训方面的经历。

(2) 倒序法 把最新最近的写在简历前面。这种简历写法受到人力资源管理人员的青睐，毕竟时间有限，要在 15 秒左右看出一个人是否有进一步接触的价值。

1. 突出个性，展现风采

每个人的特点及经历都是不一样的，这就决定了简历不能千篇一律，在简历中要反映出个性和创意。如果简历没有新意，无法做到“与众不同”，就无法引起用人单位的注意。下面三个原则有助于让简历更加个性化。

第一原则：要有重点。

招聘者希望看到应聘者对自己的事业采取的是认真负责的态度。不要忘记雇主在寻找的是适合某一特定职位的人，这个人将是数百名应聘者中最合适的一个。因此，如果简历的陈述没有工作和职位的重点，或者没有把自己描写成一个适合于所有职位的求职者，就很可能无法在任何求职竞争中胜出。

第二原则：把简历看作一份广告——推销自己。

最成功的广告通常要求简短而且富有感召力，并且能够多次重复重要信息。个人简历应该限制在一页纸以内，工作介绍不要以段落的形式出现，尽量运用动作性短语，使语言鲜活有力。

第三原则：陈述有利信息，争取成功机会。

招聘者对理想的应聘者也有要求：相应的教育背景、工作经历以及技术水平。这会是应聘者在新的职位上取得成功的关键。应聘者应该符合这些关键条件，这样才能打动招聘者，并赢得面试的机会。同样，简历中不要有其他无关信息，以免影响招聘者的看法。

2. 画龙点睛做小结

这其实是很重要的一个部分，“小结”可以写上你最突出的几个优点。很少有应聘者写上这几句话，但用人单位却认为这是引起注意的好办法。

细节透视

个人简历的写作标准

1. 整洁：简历一般应打印，保证简历的整洁性。
2. 简明：要求简历一般在1200字以内，让招聘者在几分钟内看完，并留下深刻印象。
3. 准确：要求简历中的名词和术语正确而恰当，没有拼写错误和打印错误。
4. 通俗：语言通俗晓畅，没有生僻的字词。
5. 诚实：要求内容实事求是，不卑不亢，表现自然。

例文一

电工个人简历范文

基本情况

姓　　名：张××	
证　　件：	出生年月：1981年3月12日
性　　别：男	婚姻状况：未婚
户　　籍：江西吉安	现所在地：广东番禺
身　　高：170厘米	体　　重：50千克
民　　族：汉族	工作经验：5年6个月

求职意向

意向岗位：电工、电子/电器维修、电子技术员、电气工程师

工作性质：不限

发展方向：能够从事各种机器设备的电路设计，包括变频器的维修与各种电气维修工程的设计。

要求地区：广州市区、番禺、佛山市区、东莞

月薪要求：2500～3000元

食宿要求：包食宿

教育经历

2001年9月～2003年7月 吉安市技工学校 电气自动化 中专

技能专长

职称：

计算机级别：中级

计算机能力：熟悉CAD绘图、PLC编程、办公室软件

兴趣/爱好：打篮球、唱歌、看书、游泳

其他能力：熟悉国内外主流变频器的安装、调试、维修，各种配电柜的安装与设计，电焊，电动机维修，空调维修，各种机床设备的电气维修，以及永宏PLC、三菱PLC、台达PLC、海泰克人机、威纶通人机，对各种伺服器比较熟悉。

工作经历

【东麒××公司】

职位名称：电气工程师

公司行业：贸易•进出口

公司性质：台资企业

公司规模：1～49人

公司描述：公司从事变频器、人机、温控表的生产与销售

工作描述：从事变频器的售后服务与维修，并负责设计各种工程案的程序，PLC、人机、伺服器、温控的设计和维修。

自我评价

本人在工控自动化行业已经有5年的工作经验，熟悉国内外主流变频器的调试与维修，能够独立处理各种技术问题，对各种机器设备的自动化改造有一定工作经验，在工作上服从安排，有良好的团队管理协助能力，有高度工作责任心。

例文二

求职意向：仪器仪表、工业自动化、无线/射频、检验/检测、设备安装及维修维护、销售等

个人概况	
姓　　名：×××	性　　别：男

出生年月：1983年8月	健康状况：良好
毕业院校：××学院	专　　业：测控技术与仪器
电子邮件：×××××××××	联系电话：×××××××××××
通信地址：西安市经济技术开发区××号	

教育背景

1998～2001年广西贵港市××中学

2001～2005年广西贵港市××高级中学

2005～2009年西安交通大学城市学院测控技术与仪器本科专业

主修课程：（注：如需要详细成绩单,请联系我）

模拟电子技术　数字电子技术　自动控制原理　传感器技术与应用　现代测试技术　单片机原理与应用　自动化仪表与过程控制　智能仪器设计　计算机控制技术

语言/技能

通过国家英语四级考试，具备一定的听、说、读、写及对技术资料的翻译能力。

熟练掌握办公自动化、Protel、AutoCAD等软件，熟悉C/C++语言、51单片机、PLC、ARM 嵌入式系统等。具备现代测试技术、传感器技术、自动化仪表与过程控制等专业基础知识，有较好的数据处理和分析能力，可以对仪器故障进行一般的分析、检测以及维护，能熟练使用焊接技术进行焊接。

实践/实习

在大学四年暑假期间曾做过汽车用品厂临时工、超市理货员、诺亚舟学习机促销、传单发放等工作，各项工作都做得不错。其中，在汽车用品厂、诺亚舟等还受到公司领导的嘉奖。

在校期间担任过电信系学生会文艺部部长，曾负责组织策划学院各项文娱活动，其中圣诞舞会、电影周等活动都获得同学们的好评。

在洛阳某通信设备有限公司实习期间，参加了公司安排的生产实习，系统掌握了各项技能。期间还参观学习了洛阳一拖集团、洛阳浮法玻璃厂、洛阳轴承集团等公司。

获奖情况

2006年　获学院“专业调查报告优秀奖”。

2008年　获西安市青少年科普知识竞赛大学组三等奖。

自我评价

为人正直、诚实、坦率，注重细节，对工作持之以恒、坚持不懈，能吃苦耐劳，具有很强的责任感和学习能力，容易接受新知识新事物，具备较好的组织协调能力、团队协作能力。

相关知识链接

面试服饰礼仪

应聘者的外在形象是给主考官的第一印象。外在形象的好坏在一定程度上会影响到能否被录用。面试时一定要注意，恰当的着装能够弥补自身条件的某些不足，树立起自己的独特气质，使自己脱颖而出。

男士篇

注意脸部的清洁，胡子一定要刮干净，头发梳理整齐。查看领口、袖口是否有脱线和污浊的痕迹。

春、秋、冬季，男士面试最好穿正式的西装。夏天要穿长袖衬衫，系领带，不要穿短袖衬衫或休闲衬衫。

西装的色调要以给人稳重感觉的深素色为主，如藏青色、蓝色、黑色、深灰色等。配套的衬衫最容易的选择是白色。领带应选用丝质的，领带上图案可以根据自己的爱好选择，最好是单色的，它能够和各种西装、衬衫相配。单色为底，印有规则重复出现的小圆点的领带，格调高雅，也可以用。斜条纹的领带能表现出你的精明。领带在胸前的长度以达到皮带扣为好。如果一定要用领带夹，应夹在衬衫第三和第四个扣子中间的位置。

深色的袜子、黑色的皮鞋。皮带要和西装相配，一般选用黑色。男士着装三一律原则：皮鞋、皮带、皮包颜色一致，一般为黑色。

眼镜要和自己的脸型相配，镜片擦拭干净。

钢笔一定不要插在西装上衣的口袋里，西装上衣的口袋是起装饰作用的。

女士篇

面试时的着装要简洁、大方、合体。职业套装是最简单，也是最合适的选择。裙子不宜太长，这样显得不利落，但是也不宜穿得太短。低胸、紧身的服装，过分时髦和暴露的服装都不适合面试时穿。春秋的套装可用花呢等较厚实的面料，夏季用真丝等轻薄的面料。衣服的质地不要太薄、太透，薄和透有不踏实不庄重的感觉。色彩要表现出青春、典雅的格调，用颜色表现你的品味和气质。不宜穿抢眼的颜色。

丝袜被称为女性的第二层皮肤，一定要穿，以透明近似肤色的颜色最好。要随时检查是否有脱线和破损的情况。最好带一双备用的。

穿式样简单、没有过多装饰的皮鞋，后跟不宜太高，颜色和套装的颜色一致，如果不知道如何配色，最简单的办法就是穿黑色的皮鞋。凉鞋在面试时就不要穿了。

如果习惯随身携带包，那么包不要太大，款式可以多样，颜色要和服装的颜色相搭配。

化淡妆。如果用香水，应该用香型清新、淡雅的，头发要梳理整齐，前额刘海不要超过眉毛。

佩戴饰物应注意和服装整体的搭配，最好以简单朴素为主。

出发前，最好从头到脚再检查一遍，看看扣子、拉链是否扣好、拉好，领子袖口是否有破损，衣服是否有褶皱，鞋子是否干净光亮。

思考与练习

一、简答题

1. 什么是个人简历？它主要涵盖哪些方面的内容？
2. 个人简历的编写原则有哪些？

二、改错题

下面是一则求职者的简历，存在哪些问题？请修改。

个人简历

姓　　名：陈××

联系地址：广州市中山路×××

联系电话：(略)

求职目标：经营部、营销部、广告部、管理部

资格能力：2011年7月毕业于××学院商业管理系。所修课程主要有：商业经济、商业管理、市场营销、商业传播、广告学和公共关系学等。选修课程有：零售企业管理、消费者行为和计算机原理与应用等。在校期间学习成绩一直优秀，撰写的毕业论文曾受到奖励，并在全国多家报刊上发表。

工作经历：2011年7月毕业至现在皆在××市百货公司负责市场营销及有关管理工作。

其他情况：1995年出生，未婚，能熟练运用各种现代办公设备，英语会话能力强，书写能力略逊。爱好旅游、打网球、摄影。

三、写作题

请按照简历的写作要求，给自己写一份求职简历。

第二节　求　职　信

学习重点

★　了解求职信的概念及特点。

★　掌握求职信的写作要领，能按求职信的基本格式进行写作。

写作指导

一、求职信的概念

求职信又称“自荐信”或“自荐书”，是求职人向用人单位介绍自己情况以求录用的专用性文书。

它与普通的信函格式没有多少区别，但它与朋友间的信函内容又有所不同，当然也不同于“公事公办”的公文函。求职信所给的对象很难明确，也许是人事部一般职员，也许是经理，如果你对老板比较了解的话可以直接给老板。当然，如果你根本就不认识招聘公司的任何人，写上“人事部负责人收”较妥。如果直接写人事部经理或“老总”收可能不妥，如果该信落到一般职员手中，可能会使这些人不高兴。

多数用人单位都要求求职者先寄送求职材料，他们通过求职材料对众多求职者有一个大致的了解后，再通知面试或面谈人选。因此，求职信写得好坏将直接关系到求职者是否能进入下一轮的角逐。

小资料

求职信的作用

1. 使招聘单位进一步感受到求职者“鲜活”的形象。

2. 使招聘单位进一步感受到求职者的诚意。

3. 增加获得面试的机会。

二、求职信的种类

求职信的种类按照求职者的身份不同，一般可以分为毕业生求职信、待业人员求职信和在职人员求职信。

三、求职信的特点

求职信是求职者为求得某一职位而向用人单位着重陈述自己学识、才能和经历的，即进行自我推销的专用书信。按其使用的具体情况，大致可分为自荐信和应聘信两种：在不知道用人单位是否需要聘人的情况下求职用自荐信；在已知用人单位公开招聘某岗位工作人员的情况下求职用应聘信。写求职信的目的是打动、说服用人单位，促使用人单位最终录用求职者。与一般书信相比，求职信有以下特点：

1. 文字简洁，要点突出

求职信的收信人无论是单位领导还是人事主管，每天的工作必定紧张繁忙，不可能有太多的时间批阅求职信。因此，要能够引起他们的注意和好感，就必须在求职信中抓住重点，要言不烦，尽可能用有限的文字充分展示自己的才干和专长。

2. 态度谦和，言辞恳切

单位领导或人事主管大多是选才用人的专家。作为谋求职位的求职信，能多方面地反映出求职者的各项素质，假如给人的印象是狂妄自傲，必然会影响求职愿望的实现；若过分谦恭谨慎，又给人以信心不足的感觉。因此，求职者应根据自身的情况实事求是，以充满自信、谦逊礼貌的态度，不卑不亢的语言展示自己的才华。

四、求职信的写作方法

求职信的格式主要有称谓、正文、结尾、署名和成文时间、附件等几部分。

1. 称谓（对收信者的称呼）

称谓写在第一行，要顶格写收信者单位名称或其个人姓名。单位名称后可加“负责同志”，个人姓名后可加“先生”“女士”“同志”等。在称谓后写冒号。

求职信不同于一般私人书信，收信人未曾见过面，所以称谓要恰当，郑重其事。

2. 正文

正文要另起一行，空两格开始写求职信的内容。正文内容较多，要分段写。

第一，写求职的原因。首先简要介绍求职者的自然情况，如姓名、年龄、性别等。接着要直截了当地说明从何渠道得到有关信息以及写此信的目的。比如："我叫李民，现年22岁，男，是一名财会专业的大学本科毕业生。从报纸上我看到贵公司招聘一名专职会计人员的消息，不胜喜悦，以本人的水平和能力，我不揣冒昧地毛遂自荐，相信贵公司定会慧眼识人，会使我有幸成为贵公司的一名会计人员。"这段是正文的开端，也是求职的开始，介绍有关情况要简明扼要，对所求的职务，态度要明朗。而且要吸引收信者有兴趣将你的信读下去，因此开头要有吸引力。

第二，写出对所谋求的职务的看法，同时对自己的能力要作出客观公允的评价，这是求职的关键。要着重介绍自己应聘的有利条件，特别突出自己的优势和"闪光点"，以使对方信服。比如："我于1996年7月毕业于东北财经学院财务会计专业。毕业成绩优秀，在省级会计大奖赛中，获得'能手'嘉奖（见附件），在海南金融杂志上发表过多篇学术论文（见附件）。我在有关材料上看到过关于贵公司的情况介绍，我喜欢贵公司的工作环境，钦佩贵公司的敬业精神，又很赞赏贵公司在经营、管理上的一整套切实可行的规章制度。这些均体现了在当前改革开放的经济大潮中，贵公司的超前意识。我十分愿意到这样的环境中去艰苦拼搏，更愿为贵公司贡献我的学识和力量。我相信，经过努力，我会做好工作的。"写这段内容，语言要中肯，恰到好处；态度要谦虚诚恳，不卑不亢，达到见字如见其人的效果。要给收信者留下深刻印象，进而相信求职者有能力胜任此项工作。

第三，向收信者提出希望和要求。比如："希望您能为我安排一个与您见面的机会""盼望您的答复"或"敬候佳音"之类的语言。这段属于信的内容收尾阶段，要适可而止，不要啰唆，不要苛求对方。

3. 结尾

另起一行，空两格，写表示敬祝的话，比如"此致"之类的词，然后换行顶格写"敬礼"，或"祝工作顺利""祝事业发达"等相应的词语。这两行均不加标点符号，不必过多寒暄，以免画蛇添足。

4. 署名和成文时间

写信人的姓名和成文时间写在信的右下方。姓名写在上面，成文时间写在姓名下方。姓名前面不必加任何谦称的限定语，以免有阿谀之感，或让对方轻看你的能力。成文时间要年、月、日俱全。

5. 附件

有说服力的附件是对求职者进行鉴定的凭证，所以附件是求职信不可忽视的组成部分。

附件可在信的结尾处注明。比如：附件1. ××× 2. ××× 3. ×××……然后将附件的复印件单独装订在一起随信寄出。附件不需太多，但必须有分量，足以证明你的才华和能力。

五、求职信的写作要求

1. 语气自然

语言和句子要简单明了。写信就像说话一样，语气可以正式但不能僵硬。语言直截了当，不要过分修饰。

2. 通俗易懂

写作要考虑读者对象的知识背景，不要使用生僻词语、专业术语。

3. 言简意赅

在重点突出、内容完整的前提下，尽可能简明扼要，切忌面面俱到。

4. 具体明确

不要使用模糊、笼统的字眼；多使用实例、数字等具体的说明。

细节透视

撰写求职信的四大误区

1. 不够自信，过于谦虚。
2. 主观意愿，推理不当。
3. 语气过于主观。
4. 措辞不当，造成反感。

例文一

毕业生求职信

尊敬的公司领导:

您好！首先感谢您于百忙中惠览此求职信。我是一名就读于××职业技术学院物流管理专业的学生，即将于2019年6月毕业。

在校期间，我在扎实学好专业知识的同时，努力拓宽知识面。通过物流管理专业的学习，系统掌握了现代物流的发展前景和我国物流现状，能熟练运用计算机办公软件。

我喜欢会计，通过自学考取了会计从业资格证；2016年通过了助理物流师的考试。为了提高自己的知识水平和就业竞争力，我利用课余时间参加××大学自学考试并顺利通过。勤奋刻苦的学习生涯使我成为一名具有较为扎实的学习能力和应职能力的应届毕业生。为此，学校授予院级奖学金等荣誉。

在校期间，我通过参与各种社团活动，培养了组织、协调和社会交往能力；同时，利用寒暑假去物流公司实习，较好地锻炼了社会实践和与顾客沟通交流的能力。

当代中国社会正处于政治经济发展大变革的时期，青年知识分子只有不断锤炼自己，从政治上思想上不断适应社会历史发展的规律，才能实现个人与社会相统一的价值。所以，我不断加强思想政治学习，积极向党组织靠拢，参加党员发展对象培训班并已结业，目前，已成为即将转正的预备党员。

通过互联网和报纸杂志等渠道，我初步了解了贵公司的企业文化，高度重视对人才的引进和培养，也获知贵公司有着非常宏伟的发展目标，我认为贵公司有一个非常好的人文氛围和发展空间，也需要一大批甘于平凡、立志奉献岗位的血性青年，所以，我诚恳地希望贵公司接纳我成为一员，共创美好明天。

随信附有我的简历。如果有机会与您面谈，我将十分感谢。愿贵公司事业蒸蒸日上，屡创佳绩，祝您的事业百尺竿头更进一步！

此致

敬礼

×××

×年×月×日

例文二

毕业生求职信

尊敬的公司领导：

您好！

非常感谢您在百忙之中翻阅我的求职信。

我是××省××学校数控专业应届毕业生。毕业在即，贵公司良好的声誉和工作环境深深吸引了我，我衷心地希望能够成为你们中的一员，共创辉煌。

在校期间，我始终把培养自身素质放在第一位，努力学习掌握科学文化知识和专业技能，学习成绩和综合积分在班中名列前茅，并以优秀的成绩达到了毕业水平。会使用简单的CAD/CAM软件，掌握一些简单工件的编程。

技校的学习更重要的是对学习能力的培养，我自己十分注重这一点。在校期间，我时刻严格要求自己，不断培养学习、掌握知识的能力，以使自己有一个质的飞跃。我坚信，通过这些培养与锻炼，一定会为我以后走上工作岗位及发展奠定坚实的基础。因此，在学好本专业的前提下，我也自学了社交等方面的知识。

为了锻炼自己的能力和丰富业余文化生活，我参加了不少校内活动和社会实践，参加校内的活动可以认识更多的同学，同时也增加了与其他同学交流和向其学习的机会，锻炼自己的交际能力，学到别人的长处，认清自己的短处。

我正处于人生中精力充沛的时期，不满足于现有的知识水平，期望在实践中得到锻炼和提高，因此，我希望能够加入你们的单位。我会踏踏实实地做好属于自己的一份工作，竭尽全力地在工作中取得好的成绩。

衷心希望贵公司给我一个发展的机会！

祝愿贵公司事业蒸蒸日上！

此致

敬礼

×××

×年×月×日

例文三

待业人员求职信

尊敬的公司领导：

您好！首先真诚地感谢您在百忙之中翻看我的求职信，这对一个初入社会的年轻人而言，将是一份莫大的鼓励。这是一份简单而又朴实的求职信。今日定标题一字乃为求，但非乞求，只为求得您的慧眼。本人自知学识浅薄，并非学富五车，但我相信，现今所学知识完全能够胜任贵公司对该职位的要求，我也相信别人能够做到的我一定可以做到，因为我会全身心投入。有人把我比作氚，开发后能量可以扩大千万倍！也许它的普通没能深深地吸住您的眼光，但它却蕴涵着一颗真诚的心。为此，我诚心恳求您能阅读这份普通的求职信。我叫×××，是一名机械模具维修工、钳工、调试工，对汽车模具十分熟悉，并懂得怎样维修，知晓模具经常出现的问题。今天，我怀着一颗赤诚的心和对事业的执着追求，真诚地向您推荐自己。

我是一个农民的儿子，血管里流着的是泥土的芳醇和农民的憨厚，勤劳的父母教会了我坚韧不拔的工作精神和谨慎谦和的处事准则。家庭的贫困、父母的期望、社会的竞争是我学习的动力。我十分珍惜在工作中的学习机会。在过去的 3 年工作中，我学会并掌握了模具维修、模具组装、模具调试和模具钳工等各类模具相关技能；会操作叉车，熟练掌握了车床、铣床、磨床、钻床、冲床和液压机等机床的操作，并能对液压机、冲床进行维修调试和保养；能参与生产现场模具装配和调试；能就现场出现的装配与调试问题同设计等部门进行妥善协调，会使用 AutoCAD、UG、CATIA 软件；能独立看懂模具设计的图样，并能够组装模具；能借助卡尺、千分尺等测量工具制作镶件、冲件等模具零件。

我还有一个特长是维护计算机系统、排除故障、熟练安装操作系统。为了提升自己的综合能力，在学习计算机当中经常给遇到问题的成员讲课，并积极做好每一件事，宣传计算机相关的知识。同时，在单位和同事一起管理和维护机房，能独立地发现并排除一些计算机的故障。

作为一名待就业的年轻人，我的工作经验不足或许会让您犹豫不决，但请您相信我，干劲与努力将弥补这暂时的不足。也许我不是最好的，但我绝对是最努力的。我相信：用心一定能赢得精彩！良禽择木而栖，士为知己者而搏。愿您的慧眼助我开启人生事业的旅程。

再次感谢您抽出时间来阅读我的求职信，祝您工作顺利！

此致

敬礼

求职人：×××

×年×月×日

例文四

待业人员求职信

尊敬的公司领导：

您好！首先感谢您给我这次难得的机会，在百忙之中抽出时间来看我这封求职信。由于时间仓促，准备难免有不足和纰漏之处，请您谅解！

其实，我只想抱着一种平静而真诚的心态，把这次求职看作交流和沟通的平台。真的，这可能是我人生中又一转折，至少会是人生中一次不一般的经历。

首先，我想表明一下个人的工作态度。可能是阅历的浅薄吧，一直到现在我都固执地认为工作就是一种学习的过程，能够在工作中不断地汲取知识才是最重要的。当然，钱很重要，不过对我来说，充实而快乐的感觉就是最大的满足了！

如果非要推销自己的话，我想个人的生活经历会让自己考虑问题更细致一些。第一，从十六岁开始，一直独自在外生活，自理能力不成问题；第二，从中专生至本科生（尤其中间经历了到甲级设计院实践的过程），让我更加有一种紧迫感、危机感；第三，有从设计单位到施工单位的工作经历，设计单位让我自省，施工单位让我自强。真的很感谢这些成长经历，无论从哪方面来说，其锻炼价值都是相当大的。在工作中，一直是以本科生的学识、中专生的姿态来要求自己，做到了“三心”，即细心，耐心，恒心；“二意”，即诚意，真意。

当然，我也并不具备什么压倒性的优势，甚至从某种程度来说，优势即是劣势，虽然不曾离开这个行业，施工和设计都有过一些经历，但都只能说刚刚上道而已。要走的路还很长，任重而道远！再者，离开设计也有一段时间了，重新开始又将是一个艰苦的过程！可不管怎么说，只要兴趣所在、心志所向，我想这些都是完全可以克服的。

最后，恭祝贵公司事业蒸蒸日上，祝您工作顺利！请考虑我这个新兵。愿与贵公司携手共筑美好未来！为盼！

此致

敬礼

×××

×年×月×日

例文五

在职人员求职信

尊敬的领导:

您好！虽然我对此行业并不是非常精通，但俗话说，人往高处走，每个人都希望自己在更大的平台有更大的进步。非常感谢您在百忙之中抽出时间来翻阅这份求职信。或许您正面对着众多的求职者，或许您只是在繁忙的会议休息之间，在嘈杂的电话安静之后，顺手打开了它的封面，但我能感受到这一瞬间的意义。对我而言，您揭开的将是我人生新的一页，因为您的厚爱和关照，我的人生将在此刻出现一个值得纪念的转折点。

我是深圳××公司的在职人员，能熟练地操作 Office、Excel 等办公软件。我性格开朗，乐于接受新事物，爱好广泛，敢于迎接挑战，在大学期间曾多次参加学校和系里组织的文体活动并获奖。

我选择贵公司就是想得到一个展示自己的平台。请给予我磨炼自己的机会吧！古人云“十年磨一剑”，十多年的求学生涯正如一个磨剑的过程，今天终于将它呈现在您的面前，请您鉴别它的锋利，我相信它将不会令您失望。大学四年以及工作一年的时间里，“做人、做事、做学问”是我的生活写照。修身立志，一日三省，自信品格日益完善；勇于任事，务实革新，自信工作有所成就。因此，我今天冒昧地毛遂自荐，希望能得到一个检验自己的机会，也希望能为贵公司的发展贡献微薄之力。

同时，我也深知，现在的我仅仅是求学之路的开始，贵公司是我真正的求学平台。今天的求职也正是希望能得到一个更好的学习环境，从而能以更好的工作成绩来报答您的厚爱。最后，谨祝您身体健康，工作顺利，并祝贵公司兴旺发达！

　　此致

崇高的敬意

×××

×年×月×日

例文六

在职人员求职信

尊敬的公司领导:

　　您好！

　　感谢您在百忙之中翻阅我的求职信！

　　近日，看到贵公司的“招聘启事”，得知贵公司因扩大业务经营而需要增加财务会计人员。我现即来应聘，渴望能为贵公司效劳，为贵公司的发展贡献我的一份力量。

　　20××年我毕业于××省财政学校，同年9月参加工作。在工作和社会实践中，我深感在校所学知识的有限性，于是不断地为自己“充电”，进行自修，并于20××年10月顺利地完成××财经大学会计学专业自学考试全部课程的学习。同年，我还顺利地考取了国家助理会计师资格证书。

　　在此期间，我积累了丰富的工作经验，已能够准确地进行财务凭证的填制与审核，进行明细账与总账的登记，月终财务会计报表的报送和纳税申报工作，并且能够与各部门配合，定期对有关经营数据进行统计和财务状况分析，提供有利于公司经营的财务报告。我还熟悉经济应用文写作，能够熟练地操作Office软件，以及其他大众办公软件。

　　本人性格开朗，性情温和，适应紧张有序的工作节奏，责任感强烈，能令人信任地完成工作，富有团队配合精神，能够融洽地和同事相处沟通。真诚希望能够有幸成为贵公司的一员，我将不遗余力地为公司的发展作出最大的努力。

　　我特别喜欢会计工作，如能被录用，即可上班。敬请函告或电话约见，谨候回音。

　　此致

敬礼

×××

×年×月×日

想一想

写求职信应注意的礼仪技巧

1. 称呼要准确，要有礼貌。
2. 问候要真诚。
3. 祝颂要热诚。
4. 信封上称呼用尊称。

相关知识链接

个人求职信的10条规则

1. 对不同的单位和行业，求职信要量体裁衣。
2. 提出你能为未来单位做些什么，而不是他们为你做什么。
3. 集中精力于具体的职业目标。
4. 不要对你的求职情形或人生状况说消极的话。
5. 要直奔主题。
6. 不要写没有实力的空话。
7. 内容尽量不要超过一页。
8. 要认真检查书写错误，避免错别字。
9. 要善于听取他人的建议。
10. 发出的求职信要复制存档，包括你的信件、传真、电子邮件等，并记录保存。

思考与练习

一、简答题

1. 什么是求职信？求职信的种类有哪些？
2. 求职信的正文主体通常包含哪些内容？
3. 求职信写作的注意事项有哪些？

二、改错题

尊敬的××单位领导：你好！

我是金融类独树一帜、享有盛誉的品牌学院——××财经学校2018届毕业生。

在经济迅猛发展、人民生活水平日益提高的今天，人们的投资理财意识日益增强，我感觉投身于金融事业可大有作为。因此，我非常热爱我的专业，在校期间，刻苦学习，各科成绩名列前茅。性格开朗活泼的我待人随和，能与同学和睦相处。我最大的特长是爱好体育运动，长跑、短跑及球类运动都是我的最爱，在这方面取得了一系列优异的成绩；2017年上半年，我代表学校参加区运动会500米比赛，获得了第一名，在4×100米接力赛中获得小组第一名；此外与其他同学一起代表学校与××代表队参加篮球比赛，以65:46取胜，为学校赢得了荣誉。正因为体育锻炼，使我有强健的体魄和充沛的精力胜任工作。

在××银行实习期间，我热情招呼每一位客户，工作细致无差错，以优质的服务赢得了客户的喜爱。我的财会电算化水平也很好，能处理银行的存储、信贷等日常综合业务。恳请您在×月×日前务必给予答复。

此致

敬礼

郑××

×年×月×日

三、写作题

1. ××公司因公司规模扩大，现招聘××平面设计师，招聘条件是：年龄在 35 周岁以下，大专以上文化程度，具有相关工作经验者优先。

2. ××生物股份有限公司招聘电工，要求：机电一体化专业，大专以上学历，沟通能力较强，具有相关工作经验者优先。

第三节　自我鉴定

学习重点

★　了解自我鉴定的概念及特点。

★　掌握自我鉴定的写作要领，能按自我鉴定的基本格式进行写作。

写作指导

一、自我鉴定的概念

自我鉴定，也称个人鉴定，是对自己某一阶段内的政治思想、工作业务、学习生活等方面的情况进行评价而形成的自我总结文字，具有评语和结论的性质。

二、自我鉴定的种类

1. 毕业自我鉴定

毕业生对自己在校期间作出自我评价。

2. 实习自我鉴定

实习人员对自己在实习期间的工作表现作出自我评价。

3. 工作自我鉴定

已经工作的人员在一段时间里，对自己的工作表现作出自我评价。

4. 党员自我鉴定

指中国共产党党员对自己的工作情况和经过组织生活后对自己工作表现和思想觉悟等情况向党组织汇报。

5. 先进个人自我鉴定

指在各单位、组织和集体中获得先进称号的个人对自己作出的评价。

自我鉴定的特点

1. 篇幅短小，语言概括、简洁、扼要。

2. 具有评语和结论性质。

小资料

三、自我鉴定的写作方法

自我鉴定一般由三部分组成。

1. 标题

自我鉴定的标题有两种形式。

（1）**性质内容加文种名构成**　如“学年教学工作自我鉴定”。

（2）**用文种名“自我鉴定”做标题**　如果填写的是自我鉴定表格，则不写标题。

2. 正文

正文由前言、优点、缺点和今后打算四部分构成。

（1）**前言**　概括全文，常用“本学年个人优缺点如下：”“本期业务培训结束了，为发扬成绩，克服不足，以利于今后工作学习，特自我鉴定如下：”等习惯用语引出正文主要内容。

（2）**优点**　一般习惯按政治思想表现、业务工作、学习等方面的内容逐一写出自己成绩长处。

（3）**缺点**　一般习惯从主要缺点写到次要问题或只写主要的，次要的一笔带过。

（4）**今后打算**　用简洁明了的语言概括今后的打算，表明态度，如“今后我一定×××，争取进步”等。

3. 落款

在右下方署明鉴定人姓名，并在下面注明年、月、日。

细节透视

自我鉴定的作用

1. 有助于个人发展。
2. 有助于组织、领导了解自己。
3. 具有档案价值。

例文一

毕业生自我鉴定

三年的大学生活匆匆而过，如今回首，是对过去的审视和总结，亦是对未来的憧憬和希望，即将踏出校门的我，满心期待大千世界的挑战和磨炼。

一、在思想品德上，我有着良好道德修养，坚定的政治方向。在平日的学习、生活中，我积极地向党组织靠拢，使我对党有了更为深刻的认识，并且参加了学院组织的入党积极分子的培训。在学校遵纪守法、爱护公共设施、乐于关心和帮助他人，勇于批评与自我批评，树立了正确的人生观和价值观，并且以务实求真的精神热心参与学校的公益宣传和爱国活动。

二、在学习上，我严格要求自己，刻苦钻研，勤奋好学，态度端正，目标明确，掌握了专业相关的知识和技能，做到理论联系实际。曾多次获得过学院荣誉。计算机、普通话等方面的等级考试已达标。除了在专业知识方面精益求精外，我还利用课余时间专修计算机知识，能够熟练地操作各种办公软件，从而提高了自身的思想文化素质。身为学生的我，在修好学业的同时也注重社会实践的积累。

三、在工作上，积极主动、工作踏实、任劳任怨、责任心强，具有良好的组织交际能力，注重团队协作精神，和同学团结一心，配合其他学生干部顺利地完成各项工作，得到了大家的一致好评。

四、在生活上，养成了良好的生活习惯，生活充实而有条理，有着严谨的生活习惯和生活作风，乐于助人、诚实守信。因为我平易近人、待人友好，所以一直以来与老师、同学相处得很融洽。

五、三年的大学生活，使自身的知识水平、思想境界、工作能力等方面都迈上了一个新的台阶。在这即将挥手告别美好大学生活、踏上社会征途的时候，我整装待发，将以饱满的热情、坚定的信心、高度的责任感去迎接新的挑战，攀登新的高峰。

通过三年的大学生活，我学到了很多知识，更重要的是有了较快掌握一种新事物的能力。思想变成熟了许多，性格更坚毅了，社会实践能力也有很大提高，为将来走向社会奠定了基础。

例文二

实习自我鉴定

时光荏苒，岁月更迁，转眼间我参加工作已将满一年。这是过渡的一年，这是成长的一年，这是期盼的一年，这是感恩的一年。这一年在××品质的熏陶下，在公司领导的关怀下，在各位同事的帮忙下，我从一名懵懂的高校毕业生变成了一名敢于担当、不畏艰难的××员工。

在这见习期的一年中，我深深地体会到了实践与理论知识的巨大差异，也明白了团队的力量与魅力。在这一年的工作当中我不仅仅明白了如何当好一名施工管理人员，同时也明白了一句话："业精于勤荒于嬉，行成于思毁于随。"下面我对见习期进行一下总结。

一、工作中的收获

在见习期我的主要任务是辅助生产经理，对现场的各项工程进行组织和控制，合理安排各工序的搭接和进度计划，对施工过程中的质量和安全进行监督和管理。同时，我还担负着项目的劳务管理、农民工信息上报、信息化和《项目管理手册》的宣贯执行等工作。在完成各项工作的同时我也收获颇多。

在技术方面，刚到项目时，自己对图样还是一知半解。通过与实际的对照和老同事的指点，我此刻已经能完全读懂图样，并能提前找出图样中的错误，为现场施工的顺利进行带来帮助。随着工程的进展，目前我已经掌握了深基坑施工的要领以及各项工序的衔接，掌握了测量、土方、钢筋、模板、混凝土等各项工艺方法和质量验收标准，对现场的主要仪器也能熟练使用。

在经营管理方面，我能做到以合同为基础，掌握合同中的各项条款，明确我方的职责，同时也利用好合同进行变更、签证、索赔等二次经营，为项目获取更大利润。在其他各项管理中，坚持对外以合同为基础，对内以《项目管理手册》为参照，确保工程有序高效进行。

在沟通协调方面，虽然自己处理的都是一些小事，但还是有些感触和心得。现场施工中牵扯的层面较多，而且各方的立场也不一致，甚至产生冲突，在与其沟通的时候尽量以对方的立场为出发点，顺着自己的思路，最终实现目的。

二、自身存在的不足与今后努力方向

在这一年中虽然收获很多，但也发现自身的许多不足。主要是有时心情还显浮躁，在个别方面还不够扎实。偶尔校园里的理想主义还在作祟，使得有些工作只追求理论的完美而脱离实际。当然还有别的许多不足，这些我都会牢记于心，在今后的工作中努力改正，争取化浮躁为创造，化理想主义为精益求精。

尽管这一年我成长很多，但是与自己心中的目标还有很大差距，这也是我将继续前进毫不松懈的动力。

例文三

工作自我鉴定

20××年已经过去，迎来20××年新的开始。作为一名车间技术人员，我的工作技术含量较高，这就要求我对待工作不能人浮于事，做老好人，而要以踏实、严谨的态度对待工作，不懂的东西要善于学习，已懂的东西更要精益求精。因为技术在不断进步更新，只有通过不断学习，辅以求真务实、脚踏实地的作风，方能胜任自己的工作。一切工作过程中，技术和质检工作贯穿始终，在工作经验的积累中，逐步培养自己的预见性。在车间领导和同志们关心和支持下，通过努力工作，为企业做出了应有贡献。现将一年来工作做以下个人鉴定：

一、在过去一年中，我在工作和生活中高标准要求自己，做了很多工作；在很多前辈的关心帮忙下，不管是技术方面还是质检与管理方面，我工作上都有了很大的进步。当然，成绩已经成为过去，在以后的工作中我会加倍努力，争取做得更好。

二、在平时工作中，首先做好日常工作，我与车间其他技术员既有分工又有合作，坚持经常和其他技术员进行工作交流，充分发扬民主，杜绝独断专行，统一思想、统一步骤，从而圆满完成车间各项生产任务。

三、每月将车间生产状况进行一次总结，及时将总结上交到技术处；将车间主材消耗进行总结，及时上交计划处。做好统计技术分析工作，对车间生产中出现异常状况，及时进行分析并采取纠正措施，写出纠正措施报告。

四、由于第五长丝车间长期纺木浆，导丝轮废丝多，可纺性差，我经常和原液车间技术员沟通，反映车间可纺性状况，并与职能处室技术员联系沟通，期望能够改变浆粕配比来提高可纺性，今年企业采取了使用多种浆粕混用办法，大大提高了可纺性。

总之，在今后的工作与学习当中，我将不断总结与反省，不断地鞭策自己并充实能量，努力提高自身素质与业务水平，以适应时代和公司的发展，与公司共同进步、共同成长。

例文四

党员自我鉴定

中国共产党是中国工人阶级的先锋队，同时是中国人民和中华民族的先锋队。这两个先锋队定位决定了党的性质、宗旨和所肩负的历史使命。在反帝反封建的革命时期，我们党高举的是民族解放的旗帜，带领全国各族劳苦大众，公开向压在中华民族头上的“三座大山”宣战，推翻帝国主义和封建主义的压迫和反动统治，人民翻身得解放。这是中国广大人民群众的根本利益所在，代表着社会历史前进的方向。在社会主义建设时期，特别是在改革开放和进入新世纪全面建设小康社会的新时期，我们党更是代表了先进生产力的发展要求，代表中国先进文化的前进方向，代表中国最广大人民的根本利益，立党为公，执政为民。

我作为一名普通党员必须不折不扣地完成这一伟大的任务。在院党组的统一领导下，按照保先工作的要求，坚决杜绝迟到、早退现象。

一年来，本人在院党组的领导下，按照党员领导干部的标准严格要求自己，坚定政治信念，加强政治理论、法律法规、金融知识学习，转变工作理念，改进工作作风，坚持廉洁自律，自觉遵纪守法，认真履行职责。

一、在德的方面

继续深入学习，保持共产党员的先进性，树立科学的发展观和正确的政绩观，法纪、政纪、组织观念强，在大是大非问题上与党中央保持一致。认真贯彻执行民主集中制，顾全大局，服从分工，勇挑重担。尊重一把手，团结领导班子成员和广大干部职工，思想作风端正，工作作风踏实，敢于坚持原则，求真务实，开拓进取，切实履行岗位职责，坚持依法行政，认真负责分管和协管工作。

二、在能的方面

熟悉和掌握法律、法规，能较好地结合实际情况加以贯彻执行；较好地协调各方面的关系，具有本职工作所需的基本技能；能通过调研发现问题、总结经验、提出建议，具有独立处理和解决问题的能力；工作经验较丰富、知识面较宽。

三、在勤的方面

本人事业心、责任心强，奋发进取、工作认真、态度积极、雷厉风行、勇挑重担、敢于负责，不计较个人得失；工作勤勉，兢兢业业、任劳任怨。

在工作与生活中，自己有时不太注意汲取经验教训，习惯于凭主观意志办事，缺乏主动性和创造性，影响了自己进步与提高的速度。在今后工作中，要努力结合本职工作，注意积累，勤于思考。

例文五

先进个人自我鉴定

我是来自16级××系国贸一班的××，在2017～2018学年中，通过自己孜孜不倦的学习，本人取得了以下几方面的成绩。

在学习上，通过良师的教导和自身的努力，我端正了学习态度，并已取得了优异的成绩。我不断地刻苦钻研，以终生学习为目标，抓住点滴时间，丝毫不敢懈怠，脚踏实地，一次性通过了英语四级考试，同时，通过了“全国计算机二级”的考核。在这一学年中，我不仅熟练掌握了各门必修课的知识，也养成了认真对待学习的良好习惯。

在思想上，本人有良好的道德修养，践行“艰苦朴素，求真务实”的校训，遵纪守法，爱护公共财产，团结同学，乐于助人，建立了良好的人际关系。同时，我还具有良好的政治素养，坚决拥护中国共产党的领导，积极向党组织靠拢，参加了党校的学习，深入学习了党的基本知识。基于各方面的优良条件，我荣幸地成为“入党积极分子”中的一员，并获得了“优秀团员”的荣誉称号。我积极热心于社会公益活动，幸运地成为“青年志愿者”，并主动参加了“义务献血”，为救助他人生命献出自己一份微薄之力。

在生活中，我养成了良好的生活习惯和正派作为。身为××一班的学习委员，我的沟通能力、团结合作的能力也逐渐提高了。在平时生活中，与同学、舍友关系非常融洽，大家互帮互助、齐心协力，获得了“三星级”宿舍的荣誉称号。当然，在课外生活中，我积极参加学院举办的活动，提高了自身的身体素质。在校运动会期间，我积极参加了“××系方队”，并荣获“××系优秀方队”荣誉称号，而且我还是裁判员之一。参加校内的各项活动，可以认识更多的同学，也就增加了与其他同学交流和学习的机会，锻炼了自己的交际能力，学到了别人的长处并认清了自己的短处。

总之，以上是我这一学年来所取得的成绩。

自我鉴定写作的注意事项

1. 写自我鉴定时，应申明自己的政治立场，态度应当虔诚认真，应当给人一种成熟可靠的印象。切忌表现出怕苦怕累、心智不成熟、立场不坚定的一面。

2. 证明自己的成绩的时候，应该强调自己的长处，真实反映出自己的内在，不要以为这是在矫情地显摆或者不屑一顾表现出自负、自高自大、思想不成熟的感觉。

3. 正视自己的缺点与不足，不要企图掩饰或者忽略，实事求是。

相关知识链接

鉴定三问

1. 你现在是干什么的？

回答这个问题，要点是：你是你自己，不是别的什么人。除非你把自己与别人区别开来，在共同点的基础上更强调不同点，否则你绝无可能在众多的应征求职者中夺魁。对于这第一个问题，自我反省越深，自我鉴定就越成功。

2. 你将来要干什么？

如果你申请的是一份举足轻重的工作，雇主肯定很关注你对未来的自我设计。你的回答要具体、合理，并符合你现在的身份，要有一个更别致的风格。

3. 你过去是干什么的？

你的过去当然都在履历上已有反映。你在面试中再度回答这个问题时，不可忽略之处是：不要抖落一个与你的将来毫不相干的过去。如果你中途彻底改行，更是要在描述你的执着、职业目标的一贯性上下些功夫。既要做到这一点，又要忠实于事实和本人，最简单的方法是：找到过去与将来的联系点，收集过去的资料，再按目标主次排列。

思考与练习

一、简答题

1. 什么是自我鉴定？自我鉴定的种类有哪些？

2. 阅读例文并总结一下自我鉴定应体现哪些内容。

二、改错题

下面一则应用文在内容方面存在许多不当的地方，请指出并加以改正。

自我鉴定

时间一晃而过，转眼间试用期已接近尾声。这是我人生中弥足珍贵的经历，也给我留下了精彩而美好的回忆。

在这三个月的时间里，在领导和同事们的悉心关怀和指导下，通过自身的不懈努力，各方面均取得了一定的进步。

一、通过理论学习和日常工作积累，我对公司有了较为深刻的认识

记得初到公司时，交到我手里的第一份工作就是一张企业贺卡的修改，然而说来惭愧的是，因为对对方企业整体形象包装的不熟悉，导致这张小小的贺卡修改任务让我在公司的第一天工作从下午 5: 00 左右持续到深夜 12: 00 以后。反复修改和漫长等待客户的回复对我来说，既新鲜也处处存在挑战。不懂就学，是一切进步取得的前提和基础。

二、认真学习岗位职能，工作能力得到了一定的提高

根据岗位职责的要求，我认识到一个称职的设计师应当在具有相当的美术功底、熟悉的设计软件操作能力的同时，还一定要具备良好的设计心态，并且要敢于多提出自己的想法和方案，敢于创新！为了让自己做一个称职的广告美术设计人员，我也阅读了许多与设计相关的书籍，并争取在工作中有所帮助和提高。

三、写作题

1. 作为新生入校，上学近一个月了，请根据自己来到学校期间的表现，从思想、工作、学习等方面，写一篇自我鉴定。

2. 王××参加了为期三个月的入党积极分子培训，在培训结束后，需要写一篇自我鉴定，请你代王××写一篇入党积极分子自我鉴定。

第四节　申　请　书

学习重点

★　了解申请书的概念及特点。

★　掌握申请书的写作要领，能根据实际需求规范写作申请书。

写作指导

一、申请书的概念和特点

1. 概念

申请书是个人或集体向组织、机关、企事业单位，或社会团体表述愿望、提出请求时使用的一种文书。申请书的使用范围广泛，也是一种专用书信。它同一般书信一样，也是表情达意的工具。申请书要求一事一议，内容要单纯。

2. 特点

申请书主要有以下特点。

(1) **请求的特性**　“申请”顾名思义是申述自己的理由，有所请求的意思。无论是个人在政治生活上入团、入党的申请，还是个人、单位在其他方面的申请，均是一种请求满足要求的公用文书。因此，请求的特性是申请书的一个根本的特点。

(2) **采用书信体格式**　申请书是一种专用书信，因此它也必须按照书信的格式来行文。内容因要求不同而不同，形式都基本保持不变。

(3) **行文方式是个人向组织、下级向上级**　这是由申请书的性质所决定的。所以申请书在语言的使用和选择上均需符合这种以下对上的行文标准。

二、申请书的种类

申请书的使用范围相当广，种类也很多。按作者分类，可分为个人申请书和单位、集体公务申请书。

三、申请书的写作方法

1. 入团申请书

入团申请书的写作格式一般是固定的，它的内容主要包括五个部分：标题、称呼、正文、结尾、落款。

(1) **标题**　入团申请书一般由申请内容和文种名称共同构成，如“入团申请书”。题目要在申请书第一行的正中书写，而且字体要稍大。题目也可单独写在第一页上，字体醒目。

(2) **称呼**　通常称呼要在标题下空一行顶格写出接受申请书的团支部的名称，并在称呼后面加冒号，如“敬爱的××中学团支部：”。

(3) **正文**　这是申请书的主要部分，通常要先介绍一下个人的现实情况、个人简历、家庭成员及社会关系情况。然后，要写明申请入团的动机、理由、对团的认识、自己的决心等。对个人情况的介绍可以较简单，而重点应放在入团的动机、对团的认识以及自己的决心上。

正文要从接受申请书的团组织名称下一行空两格处写起，一般篇幅较长，所以要注意分段，具体写法如下：

1）介绍个人的现实情况。对个人现实情况的介绍，是为了让团组织对自己现在的身份、情况有一个初步的了解，不用展开来写，简明扼要即可。

2）个人简历和家庭成员及社会关系的情况。这一部分的内容也要简单，无须多用笔墨，但也必须清楚明白。对个人简历的写法，一般要求从上学时写起，到目前为止，只需依据时间的顺序，一项项地排列出来即可。

主要家庭成员及社会关系的情况，在申请书正文中可以简单地介绍一下，也可以不写，要视具体情况而定。其他家庭成员及主要社会关系可附在申请书后。

3）入团动机和理由。入团的动机、理由要重点写。申请的理由比较多，则可以从几个方面、几个阶段来写。

4）对团的认识。对团的认识往往是同个人的成长经历有关的，个人经历在申述自己的入团动机时已有所涉及。这里指的是专门较集中地对团认识的文字。

5）自己的心情、决心。这一部分是抒发自己入团的强烈愿望，表达决心的部分。

（4）**结尾**　申请书可以有结尾，也可以没有。结尾一般写上“此致敬礼”之类表示敬意的话即可。

（5）**落款**　落款要署上申请人姓名和成文日期。

申请书的使用范围

1. 参加组织或社团
2. 参加某项工作
3. 解决某个问题

2．入党申请书

入党申请书的基本内容和写法如下：

（1）**标题**　一般写“入党申请书”或“入党申请”。

（2）**称谓**　申请人对党组织的称呼，如“敬爱的党组织”或“敬爱的×××党支部”等，顶格写在第一行，后面加冒号。

（3）**正文**　这是入党申请书的关键部分，主要包括三个方面内容：一是对党的认识和要求入党的动机，也就是为什么要入党。对党的认识，主要是对党的性质、纲领、奋斗目标、宗旨，党的路线、方针和政策的认识；入党动机，就是参加中国共产党的目的，即为什么要加入党组织。写这部分要联系自己的思想实际，可以写通过学习党的基础知识、听了党课、参加了有意义的活动以后的思想演变过程，以及思想认识上有什么提高等。二是个人履历（学历和工作经历）、家庭成员和主要社会关系的情况。如果本人家庭成员和主要社会关系中，有人有政治历史问题、犯过什么错误或受到过刑事处分的，都要写清楚并表明自己的态度。三是自己的优缺点和今后的努力方向，即个人在政治、思想、学习、工作、作风和纪律等方面的主要表现，特别要敢于指出自己存在的缺点和不足，并向党组织表明改正的决心和努力方向，如何以实际行动争取入党。

（4）**结尾**　入党申请书的结尾，一般可写“请党组织在实践中考验我”，或“请党组织看我的实际行动”等作为正文的结束。正文写完之后，加上“此致敬礼”等用语，亦可不写。

(5) **署名和日期** 入党申请书写完后，要署上申请人的姓名，申请时间（年、月、日），以示郑重。

(6) **其他** 最好将正文中关于“个人履历”“本人家庭成员和主要社会关系”部分单独写成“个人自传”，自传的内容主要是：姓名、出生年月、家庭出身、本人成分、个人履历，家庭主要成员及社会关系的姓名、政治面貌、职业及工作单位。本人的政治历史情况（如受到的奖励、处分等），对重要情节要提出证明人。

细节透视

入党申请书注意事项

1. 写入党申请书之前，要认真学习党章和有关党的基本知识，了解党的性质、纲领、宗旨、任务，党员的权利和义务等，提高对党的认识，增强对党的感情，端正入党动机。

2. 要紧密联系自己的思想认识谈对党的认识，向党组织交心，切忌只抄书抄报，不谈真实思想。

3. 要对党忠诚老实，如实向党组织说明自己的政治历史问题，以及家庭主要成员和主要社会关系中的问题，不得有任何的隐瞒和伪造。

4. 入党申请书一般应由本人书写，这样可以较准确地表达自己对党的认识和对党的思想感情。如因特殊情况不能自己写的，可以由本人口述，请别人代写，但要说明不能亲自书写的原因，并经本人签名盖章后交给党组织。

3. 扶贫助学申请书

(1) **标题** 有两种写法：一种是直接写“申请书”；另一种是在“申请书”前加上内容，如“国家助学金申请书”“××助学金申请书”等。一般采用第二种。

(2) **称谓** 顶格写明接收申请书的单位、组织或有关领导。

(3) **正文** 正文部分是申请书的主体，首先提出申请助学金的要求，其次说明申请理由。理由要写得客观、充分，事项要写得清楚、简洁。个人申请，要写清楚本人的在校学习情况、家庭详细住址、收入来源、生活水平、家庭成员健康状况等。最后要表明自己得到助学金后打算如何支配助学金，以及今后的学习、发展目标。

(4) **结尾** 写明惯用语“特此申请”“恳请领导帮助解决”“希望领导研究批准”等，也可用“此致敬礼”礼貌用语。

(5) **署名、日期** 个人申请要写清申请者姓名，单位申请写明单位名称并加盖公章，均要注明日期。

4. 勤工俭学申请书

(1) **标题** 可以直接写“申请书”，也可以在“申请书”前加上内容，如“勤工俭学申请书”等，一般采用第二种。

(2) **称谓** 顶格写明接收申请书的单位、组织或有关领导。

(3) **正文** 正文部分是申请书的主体，首先提出申请勤工俭学的要求，其次说明申请勤工俭学的理由。理由要写得客观、充分，申请事项要写得清楚、简洁。注意写明自己打算勤工俭学所做的工作、具体工作时间、申请持续时间，并保证正常的学习不受影响。

(4) **结尾** 写明惯用语“特此申请”“恳请老师帮助解决”“希望校领导研究批准”

等，也可用“此致敬礼”礼貌用语。

(5) **署名、日期** 个人申请要写清申请者姓名，注明日期。

四、申请书的写作要求

1）申请的事项要写清楚、具体，涉及的数据要准确无误。

2）理由要充分、合理，实事求是，不能虚夸和杜撰，否则难以得到上级领导的批准。

3）语言要准确、简洁，态度要诚恳、朴实。

例文一

入团申请书

尊敬的团组织：

您好！我志愿加入中国共产主义青年团。

中国共产主义青年团是中国共产党领导的先进青年群众组织，是广大青年在实践中学习中国特色社会主义和共产主义的学校，是中国共产党的助手和后备军。中国共产主义青年团坚决拥护中国共产党的纲领，以马克思列宁主义、毛泽东思想、邓小平理论、“三个代表”重要思想科学发展观、习近平新时代中国特色社会主义思想为行动指南，解放思想，实事求是，与时俱进，团结全国各族青年，为把我国建设成为富强民主文明和谐美丽的社会主义现代化国家，为最终实现共产主义而奋斗。我们要坚信马克思列宁主义、毛泽东思想、邓小平理论、“三个代表”重要思想、科学发展观、习近平新时代中国特色社会主义思想；多多了解爱国主义、集体主义和社会主义思想教育，社会主义道德教育，近代史教育和国情教育，民主和法制教育；增强我们的民族自尊、自信和自强精神；树立正确的理想、信念和世界观、人生观、价值观。我们还要学习现代科学文化知识，吸收和借鉴人类社会创造的一切文明成果，抵御资本主义和封建主义腐朽思想的侵蚀，不断提高自己的思想道德水平和科学文化素质。

我承认并且愿意遵守团的章程，愿意参加团的一个组织并在其中积极工作，执行团的决议和按期交纳团费。我会努力学习马克思列宁主义、毛泽东思想、邓小平理论、“三个代表”重要思想、科学发展观、习近平新时代中国特色社会主义思想；我已经学习了一些团的基本知识，我会在这基础上进一步学习科学、文化和业务知识，不断提高为人民服务的本领。我会宣传、执行党的基本路线和各项方针政策，积极参加改革开放和社会主义现代化建设，努力完成团组织交给的任务，在学习、劳动、工作及其他社会活动中起模范带头作用。我会自觉遵守国家的法律规范和团的纪律，执行团的决议，发扬社会主义新风尚，提倡共产主义道德，维护国家和人民的利益，为保护国家财产和人民群众的安全挺身而出，英勇斗争。我会接受国防教育，增强国防意识，积极履行保卫祖国的义务；虚心向人民群众学习，热心帮助同学进步，及时向学校和团组织反映同学的意见和要求；经常开展批评与自我批评，勇于改正缺点和错误，自觉维护团结，我会学习革命前辈，继承党的优良传统，发扬社会主义道德风尚，树立与改革开放和社会发展相适应的新观念，自觉抵制不良倾向，坚决同各种犯罪违法行为作斗争。我还会帮助共青团执行现阶段的基本任务：坚定不移地贯彻党在社会主义初级阶段的基本路线，团结带领广大青年，以经济建设为中心，坚持四项基本原则，坚持改革开放，自力更生，艰苦创业，促进社会进步，造就有理想、有道德、有文化、有纪律的接班人，为祖国培养人才！

我现在申请加入中国共产主义青年团，如果这次落选，我还是会以团员的标准要求自己，争取全面进步，再接再厉！

此致

敬礼

申请人：×××

×年×月×日

例文二

入党申请书

敬爱的党组织：

我志愿加入中国共产党，愿意为共产主义事业奋斗终生。我衷心地热爱党，她是中国工人阶级的先锋队，是中国各族人民利益的忠实代表，是中国社会主义事业的领导核心。中国共产党以实现共产主义的社会制度为最终目标，以马克思列宁主义、毛泽东思想、邓小平理论、“三个代表”重要思想、科学发展观、习近平新时代中国特色社会主义思想为行动指南，是用先进理论武装起来的党，是全心全意为人民服务的党，是有能力领导全国人民进一步走向繁荣富强的党。

从学生年代开始，一串闪光的名字——江姐、刘胡兰、雷锋、焦裕禄、孔繁森……给了我很大的启迪和教育。他们以及身边许多深受我尊敬的人都有一个共同的名字——中国共产党党员。在最危急的关头总能听到一句话——共产党员跟我上。这确立了我要成为他们中的一员的决心。能参加这样伟大的党是我最大的光荣和自豪。

参加工作后，在组织和领导的关心和教育下，我对党有了进一步的认识。党是由工人阶级中的先进分子组成的，是工人阶级及广大劳动群众利益的忠实代表。在党的路线、方针和政策上，集中反映和体现了全国各族人民群众的根本利益；在工作作风和工作方法上坚持走群众路线，并将群众路线作为党的根本工作路线；在党员的行动上，要求广大党员坚持人民利益高于一切，个人利益服从人民利益。

党是中国社会主义事业的领导核心。中国的革命实践证明没有中国共产党就没有新中国，没有中国共产党的领导，中国人民就不可能摆脱受奴役的命运，成为国家的主人。在新民主主义革命中，党领导全国各族人民，在毛泽东思想指引下，经过长期的反对帝国主义、封建主义、官僚资本主义的革命斗争，取得了胜利，建立了人民民主专政的中华人民共和国。中国革命的实践证明，只有在中国共产党的领导下，中国才能实现民族的独立和人民的解放。新中国成立后，我国顺利地进行了社会主义改造，完成了从新民主主义到社会主义的过渡，确立了社会主义制度，社会主义的经济、政治和文化得到了很大的发展。尽管在前进的道路上遇到过曲折，但党用她自身的力量纠正了失误，使我国进入了一个更加伟大的历史时期。十一届三中全会以来，在邓小平理论的指导下，在中国共产党的领导下，我国取得了举世瞩目的成就，生产力迅速发展，综合国力大大增强，人民生活水平大幅提高。

中国共产党党员是中国工人阶级的有共产主义觉悟的先锋战士，必须全心全意为人民服务，不惜牺牲个人的一切，为实现共产主义奋斗终身。中国共产党党员永远是劳动人民的普通一员，不得谋求任何私利和特权。在新的历史条件下，共产党员要体现时代的要求，要胸怀共产主义远大理想，带头执行党和国家现阶段的各项政策，勇于开拓、积极进取、不怕困难、不怕挫折；要诚心诚意为人民谋利益，吃苦在前、享受在后、克己奉公、多作贡献；要刻苦学习马列主义理论，增强辨别是非的能力，掌握做好本职工作的知识和本领，努力创造一流成绩；要在危急时刻挺身而出，维护国家和人民的利益，坚决同危害人民、危害社会、危害国家的行为作斗争。

我决心用自己的实际行动接受党对我的考验，我郑重地向党提出申请：我志愿加入中国共产党，拥护党的纲领，遵守党的章程，履行党员义务，执行党的决定，严守党的纪律，保守党的秘密，对党忠诚，积极工作，为实现共产主义奋斗终身，随时准备为党和人民牺牲一切，永不叛党。

今后我会更加努力地工作，认真学习马克思列宁主义、毛泽东思想、邓小平理论、“三个代表”重要思想、科学发展观、习近平新时代中国特色社会主义思想，学习党的路线、方针、政策及决议，学习党的基本知识，学习科学、文化和业务知识，努力提高为人民服务的本领。时时刻刻以马克思列宁主义、毛泽东思想、邓小理论、“三个代表”重要思想、科学发展观、习近平新时代中国特色社会主义思想作为自己的行动指南。坚决拥护中国共产党，认真贯彻执行党的基本路线和各项方针、政策，带头参加改革开放和社会主义现代化建设，为经济发展和社会进步艰苦奋斗，在生产、工作、学习和社会生活中发挥先锋模范作用。坚持党和人民的利益高于一切，个人利益服从党和人民的利益，吃苦在前，享受在后，克己奉公，多做贡献。自觉遵守党的纪律和国家法律，严格保守党和国家的秘密，执行党的决定，服从党组织分配，积极完成党的任务。维护党的团结和统一，对党忠诚老实，言行一致，坚决反对一切派别组织和小集团活动，反对阳奉阴违的两面派行为和一切阴谋诡计。切实开展批评和自我批评，勇于揭露和纠正工作中的缺点、错误，坚决同消极腐败现象作斗争。密切联系群众，向群众宣传党的主张，遇事同群众商量，及时向党反映群众的意见和要求，维护群众的正当利益。发扬社会主义新风尚，提倡共产主义道德，保护国家和人民的利益，在一切困难和危险的时刻挺身而出，英勇斗争，不怕牺牲。反对分裂祖国，维护祖国统一，不做侮辱祖国的事，不出卖自己的国家，不搞封建迷信的活动，自觉与一切邪教活动作斗争。只要党和人民需要，我会奉献我的一切！

我深知按党的要求，自己的差距还很大，还有许多缺点和不足，如处理问题不够成熟、政治理论水平不高等。希望党组织从严要求，以使我更快进步。我将用党员的标准严格要求自己，自觉地接受党员和群众的帮助与监督，努力克服自己的缺点，弥补不足，争取早日在思想上，进而在组织上入党。

请党组织在实践中考验我！

此致

敬礼

申请人：×××

×年×月×日

例文三

国家助学金申请书

尊敬的学院领导:

你们好！我是××大学××物流管理1班的学生王××。由于家处农村，父母都是农民，而且家里又有两名在读大学生和一名在读高中生，经济负担甚重，向国家申请助学金，希望得到国家的帮助。

我生于一个七口家庭，父母养大我们非常之不易。但因为高考考得不太理想，我和妹妹都只考到二本成绩，而大家都知道，现在学历对我们找工作的影响之大，所以父母都选择让我们读本科。2016年之前，家里只有我一个是二本的，勉强还负担得起，但是今年妹妹也考了二本，三万多的学费让父母一下子负担不过来，而两个姐姐大学毕业后有了自己的家庭，也有负担，这重担还是在父母身上。在平时的空闲时间，我也会去做一些兼职来减轻父母的负担，但这些相对于几万元的学费来说微不足道，只能当自己平时的生活费用。更糟糕的是妹妹的胃不好，需要经常看医生，而弟弟的鼻子也不太乐观，去年手术后也还有些呼吸道的问题，这些都成为家里的另一种负担。

我知道父母供我们读书不容易，在过去两年中，我在各方面都努力地做到更好，比其他的同学付出更多。我现向国家申请助学金，并将本人的基本情况介绍如下，作为各位领导的评审参考。

一、思想方面

我在思想上积极进取，在入学之初，我便向党组织递交了入党申请书，积极向党组织靠拢。两年来，我靠自身的努力，在老师与同学的帮助下很荣幸成为入党积极分子，参加党校培训并顺利通过考试。之后，我更加严格要求自己，工作勤勤恳恳，生活作风严谨，并自觉遵守学校规章制度，争做模范学生，起模范作用。

二、工作方面

在大学，我积极参加社团活动和志愿活动，并利用课余和周末时间做兼职，还适当参加一些学校或者社会举行的大赛来提升自己的能力。在这些活动中，我锻炼了能力，扩大了视野，进一步为今后的发展打下了坚实基础。

身为班干部，我虚心向别人学习，做到有错就改，并听取和采纳老师和同学们好的建议。我始终以服务同学为宗旨，尽心尽力为班级服务，在利益面前，我坚持以大多数同学的利益为重，绝不以公谋私，赢得大家的尊重和支持。

三、学习方面

在学习上，我积极进取，从未放松对本专业知识的学习，在课堂始终保持端正、谦虚的学习态度，积极配合老师教学，努力提高自身的文学素养与人格素养。通过努力，我在大一第一学期获得了××大学××学院的一等奖奖学金。平时，我还会自觉学习课本上没有的知识，在空余的时间到图书馆博览各种书籍、报纸、杂志等，上网查阅资料等来充实自己，补充现有知识的缺陷。我知道自己还有很多方面需要进一步完善，在以后我会向更好的方向发展，争做一个全面发展的社会新型人才。

四、生活方面

我生于、长于农村，在生活上，我节俭朴素、作风优良、性格开朗、严于律己、宽以待人。在我的大学生活中，我始终用一颗真诚的心对待人和事，并换来老师和同学的信任。在大学的这段时间里，我虽然没有使自己变得十全十美，但是大学的学习和生活使我学到了很多，懂得了很多道理，怎样面对周围的人，怎样处理事等。为了以后更好地面对社会这所没有围墙的大学，我一定会不断地给自己充电，充分发挥自己的优点，正视和克服自己的缺点，争取在激烈的社会竞争中不断取得成功。我相信只有把握住今天，好好努力奋斗，才能在今后的学习、工作和生活中不断进步，创造出新的辉煌。

由于家庭的贫困，我特向学校申请国家助学金，它不仅会在经济上给予我极大的帮助，更是对我学习成绩、工作能力、综合素质的肯定。如果上级能够给予我这份荣誉，将是对我一种莫大的鼓励，必将激励我今后更加努力，做得更出色，为社会做出更大的贡献！

申请人：×××

×年×月×日

例文四

走读申请书

尊敬的学生处领导：

您好！

本人付××，为机械工程系高数一班学生。本人与家长协商并经家长同意，自愿申请走读。因为家在××路，离学校很近，路程只需要10分钟。我可以保证每天按时到校，以饱满的精力投入学习。另外，如果在路途中出现任何问题由本人（或家长）负责，与学校无关。现申请走读，希望学校批准。

此致

敬礼

申请人：付××

×年×月×日

例文五

加入学生会申请书

尊敬的学生会领导：

我是××班级学生，我申请的是生活部部长。学生会是一个面向全校学生的群众性组织，我申请成为这浩大队伍里的一员，有信心为学生会增添一分绚丽。

“学生会”这个名词是在我初中时闯入我的生活的，它对于当时毫不起眼的我来说是可望而不可即的，是神往却无法到达的岸。那时的我想也没想到有一天自己可以提笔写这份进学生会的申请书，这次对我来说是一次挑战，更是一次高难度的跨越，此时的我相信自己，有能力胜任这项任务，并且发挥最大的作用去完成学生会给予的使命。卓别林说过：“人必须相信自己，这就是成功的秘诀。”在做任何事情之前，如果能充分肯定自我，就等于已经成功了一半，当你面对挑战时，不妨告诉你自己，你就是最优秀和最聪明的，那么结果肯定是另一种模样，这就是我所坚信的，我一直这样相信着。

申请加入学生会是因为我知道井底之蛙永远没有出头之日，我必须走向更广阔的天地，去发挥自己的作用，那样我才会对生活坦然看待，找到属于自己的位置、自己的光源、自己的声音。

而我申请生活部部长也是因为生活是人为了生存和发展而进行的各种活动，只有学会生活，自身才能生存及发展。我知道，世上没有完美的存在，我不可能做到尽善尽美，但是我相信自己会做得更好，因为人的潜能是无限的，我可以通过磨炼，充分挖掘自身的潜能，让不可以变成可能，让奇迹变成现实。如果我有幸成为生活部部长，我希望把每一个人都带进快乐的宇宙，让校园生活充满欢歌笑语。

关于我自己，学习成绩比较优秀，虽然不够突出，但是我可以努力，辛勤的汗水定能换来丰硕的果实。我是比较幽默的人，能够给身边的人带去欢乐与笑语，喜欢对自己的朋友开玩笑，对于陌生人，我会很自然地打招呼，然后交流，直至最后成为朋友。我是一个比较乐观的女孩，平时很快乐，但也有沉默的时候，那时的我也许在思考一些事，也许在试图调息自己的心情。总之，我会很快从阴影中解脱出来，设法让自己快乐。我不愿过多地计较自己在别人眼中的地位，因为我需要用宽广的胸怀去对待世界上的每一个朋友，毕竟多一个朋友比多一个敌人好得多。我也喜欢与有实力的人在一起，那样我可以向他们学习，因为光芒不会影响光芒，而光芒在一起只会照亮更多的黑暗。

我也得过一些荣誉，但是我相信，如果经过在学生会里的锻炼，我会变得更坚强，也会创造出更好的成绩。

我也希望能够向前辈们学习，提高自己的能力，增长自己的见识，在学生会的天地里打造出一片属于自己的蓝天，使自己离梦想的彼岸更近一些。

感谢您如此耐心地看完了我的申请书，希望您能给我一个机会，让我有一个能发挥的空间，来提高自己、丰富自己、挑战自己、超越自己。

申请人：××

×年×月×日

相关知识链接

团徽和党徽

团徽，即中国共产主义青年团团徽，由中国共产主义青年团团旗、齿轮、麦穗、初升的太阳及其光芒，写有“中国共青团”五字的绶带构成。它象征着共青团在马克思列宁主义、毛泽东思想的光辉照耀下，团结各族青年，朝着党所指引的方向奋勇前进。

中国共产党党徽为镰刀和锤头组成的图案，图案为金黄色。锤子、镰刀代表工人和农民的劳动工具，象征着中国共产党是中国工人阶级的先锋队，代表着工人阶级和广大人民群众的根本利益。金黄色象征光明。

思考与练习

一、简答题

1. 什么是申请书？申请书的格式是怎样的？

2. 申请书写作注意事项有哪些？

二、改错题

××市工商管理局：

我是××区的一名待业青年，自 2017 年高中毕业后一直待业在家。待业期间，我一直在自学室内装潢的专业知识，也曾拜师学艺，加强实践锻炼，现在已初步掌握了室内装潢的专业知识和技术。这两年来，本市的房屋开发事业发展迅速，许多住宅小区的建设相继竣工，广大居民乔迁新居，迫切需要室内装修。为此，我申请开办个体装潢公司，请主管部门批准我的要求，尽早发给我营业执照。

我会严格遵守国家的政策、法令，对客户做到热情服务、合理收费、保证质量，使客户满意。

此致

敬礼

×年×月×日

申请人：×××

三、写作题

1. 学校街舞协会招收新成员，请你根据实际情况写一篇申请书。

2. 国家设立“贫困学生助学金”，主要资助贫困学生，使他们顺利完成学业。××技师学院电气工程系学生刘××，来自农村，家境贫困。请你代刘××写一份贫困生助学金申请书。

第五节　感　谢　信

学习重点

★　了解感谢信的种类和写作要求。

★　能在实际生活中写出感情真挚、格式正确的感谢信。

写作指导

一、感谢信的概念

感谢信是对支援、帮助、关心过自己的社会团体、企事业单位或个人表示感谢的公关礼仪性专用书信。感谢信多用于张贴，也可以邮寄，还可以通过媒体发布。

感谢信的特点

1. 感谢对象要明确。
2. 表述事实要具体。
3. 感情色彩要鲜明。

二、感谢信的种类

感谢信依据不同的标准可以有不同的分法。

1）按写信者分，有个人写的、集体写的、单位写的感谢信。

2）按收信者分，有写给个人的、集体的、单位的感谢信。

3）按信件内容分，有以人为主的、以事为主的感谢信。

三、感谢信的写作方法

感谢信通常由标题、称谓、正文、结尾、署名和日期五部分构成。

1. 标题

可以单独由文种名组成，如“感谢信”；可以由感谢对象和文种名共同组成，如“××致××学院的感谢信”。

2. 称谓

换行顶格写被感谢的单位、团体或个人的名称或姓名（后面加冒号）。如果感谢对象比较多，可以把感谢对象放在正文中间提出。

3. 正文

在称谓下隔一行空两格开始写，包括感谢的内容和感谢者的心情。要交代事情的前因后果（时间、地点、人物、事件、原因和结果），重点叙述关键时刻对方给予的关心和支持，突出对方的好品德、好作风，再写出事件的意义及感谢者的态度。在叙事的基础上指出对方的关心和帮助对整件事情成功的重要性以及体现出的可贵精神，有时还可表示向对方学习的态度和决心。

4. 结尾

写上表示敬意、感谢的话，如“此致敬礼”“致以诚挚的敬意”等。

5. 署名和日期

署上发文单位名称或发文者的姓名，并且署上成文日期。如果署名是单位，还要加盖公章。

细节透视

感谢信的作用

感谢信除了具有表达感谢的作用之外，还含有一定的表扬意义。彰显助人为乐的行为和精神，有利于社会文明发展，除了寄给对方外，还可以公之于众地张贴、通过媒体发布。

例文一

致援疆教师单位的感谢信

尊敬的黑龙江××技师学院校长及校领导班子：

你们好！

光阴似箭、日月如梭。转眼间来我校开展援疆支教工作的贵校教师李××已经工作了近一年时间。这一年是我校教学质量提升最快的一年，也是李××老师无私奉献的一年，他以浓浓援疆情演绎着作为一名人类灵魂工程师的高尚品质，演绎着内地教育工作者与阿勒泰地区××职业技术学校各族师生的款款深情。

为响应党中央支援新疆建设的号召，李××老师肩负贵校领导、师生及家乡人民的重托与期望，承载着家人的牵挂和思念于年初来到我校开展援疆支教工作。李老师以惊人的毅力迅速克服了思乡的寂寞、饮食生活的不习惯等困难，积极快速地投入到教育援疆工作中，体现了高度的责任意识和无私的奉献精神。李老师率先垂范，不仅时刻以“学高为师、身正为范”的标准严格要求自己，同时大胆开展工作，以超前的思维和良好的业务素质积极为我校的改革和发展出谋划策，给我校带来了先进的教育教学理念和新的工作思路、方式方法。

李老师总是以满腔的热忱、忘我的工作全身心投入到繁忙的教育教学工作中去。李老师的到来不仅给我校带来了先进的教育教学理念，还为我校的发展注入了新的活力。他言传身教、以身作则的高尚情操，平易近人、谦和豁达的风范，求真务实、兢兢业业的工作态度，给我校的各族师生留下了深刻的印象并时时鞭策我校全体教职工从思想、工作上超越自我，为我校教工树立了榜样。

在此，让我们真诚地道一声谢谢！衷心感谢黑龙江××技师学院对阿勒泰地区××职业技术学校的无私援助，感谢贵校为我校派遣了如此优秀的教师，阿勒泰地区各族人民永远铭记你们的深情厚谊。我们有理由相信援疆老师不仅是两地友情的使者，更是我们两家学校友情的使者，使我们的友谊更加深厚。新年到来之际，衷心祝愿贵校领导班子身体健康、工作顺利、阖家欢乐、万事如意！

阿勒泰地区××职业技术学校

×年×月×日

例文二

感　谢　信

尊敬的××技师学院的全体师生：

你们好！我是贵院电气工程系高机电 30 班孙××同学的家长。你们充满爱心的捐款已如数收到，我们全家感谢你们！

感谢你们伸出的仁爱之手，让孙××同学增加了战胜病魔的勇气和力量！感谢你们伸出的博爱之手，让我们全家感受到了全体师生的友情与真爱！感谢你们伸出的关爱之手，让我们看到了贵院那充满生机与活力的未来！感谢你们伸出的真爱之手，让我们体验到了和谐社会里大家庭的温暖与关怀！

在你们的帮助下，孙××同学已经在北京解放军总院住院治疗。孙××是一名普普通通的技校生，出生在一个农村家庭，被查出患上再生障碍性贫血重症，急需进行骨髓移植手术。在我们因家境贫寒，无力承担巨额医疗费用而一筹莫展的时候，是你们大家，你们所有关爱她的老师和同学给了她新的希望—— 生命的希望。你们的善行义举极大地鼓舞了在病榻上与病魔斗争的孙××同学。我们相信，有大家的祝福、关爱与帮助，孙××同学会创造出生命的奇迹。

我们感谢所有捐款的老师及同学们，感谢你们的爱心捐助，是你们给了孙××重新拥有生命和美好人生的希望！在此，我们家人向所有奉献爱心的人们致以最诚挚的谢意！谨借此信表达一个被你们的爱心拯救的家庭的深深谢意。好人一生平安！

此致

敬礼

孙××家长敬上
×年×月×日

感谢信写作的注意事项

1. 以说明具体事实为主，切勿不着边际地大发议论。务必准确地叙述事件发生的时间、地点及其他详细情况，说明自己得到了哪些帮助，这些帮助又产生了哪些影响。

2. 感谢信以感谢为主，感谢应真诚、朴素，表达谢意时要符合实际，要照顾到感谢对象的身份、年龄、性别、学历和修养等情况，以便恰到好处地表达谢意。

3. 语言上要求精练，遣词造句要把握好尺度，不可过分修饰，篇幅不宜太长。

相关知识链接

慰问信

慰问信是以组织或个人名义向某一集体或个人表示关怀和问候的信件。它多在节日或遇有重大事件和特殊情况时使用。慰问信可寄给本人及本人所在的单位，也可以登报或广播。

慰问信一般由标题、称谓、正文、署名和日期构成。

1. **标题**

第一行居中写“慰问信”或“×××致×××的慰问信”等字样。

2. **称谓**

第二行顶格写单位、个人名称。

3. **正文**

第三行空两格起，写慰问的主要内容，包括以下几个方面：

（1）原因背景　一般用简要文字陈述目前形势，写明慰问的背景和原因，以提起下文。

（2）叙述事实　应比较全面、具体地叙述对方的模范事迹或遇到的困难，要实事求是肯定其功绩，然后向对方表示慰问和学习。

（3）结语部分　先结合形势与任务提出殷切的希望，接着表示共同的愿望和决心，最后用一句慰勉与祝愿的话作结。

4. **署名和日期**

署名下一行写年月日。

例文三

慰　问　信

××政府：

我是中国××省××县的一名普通小学生，我们了解到××国××岛附近海域发生强烈地震，造成巨大损失和人员伤亡。灾情发生后，我们非常关心灾情，对灾害的发生深表痛心，对灾害造成的损失深表关切，特此向地震灾区的所有小朋友致以最深切的慰问。

在灾难面前，最重要的是信念和勇气。2008 年汶川地震使我们始终坚信，大家同舟共济，必能渡过难关，重建美好的家园。希望我们保持联系，我们将会以各种形式积极参与到救灾活动中，做力所能及的事情，大家携手共同渡过这次灾难。

地震的消息我们一直非常关注，地震带来的海啸等灾害给贵国人民带来了巨大损失，这也是地球村的灾难。我谨代表中国××县所有小学生向你们表示诚挚慰问，向地震灾害不幸遇难者表示深切哀悼。

希望所有××国朋友安好。

田××

×年×月×日

思考与练习

一、简答题

1. 什么是感谢信？感谢信有哪些种类？
2. 说说例文二是如何表达谢意的，语言上有哪些特点？

二、判断题

1. 感谢信中的对象称谓一般写被感谢单位的名称或个人姓名。（　）

2. 感谢信的正文可以不简述事迹、不说明效果。 （ ）

3. 感谢信的正文可以不颂扬，不评价对方的品德，但要表示向对方学习。 （ ）

三、改错题

指出下面感谢信中的问题，并做出修改。

感 谢 信

××出租汽车公司:

6月7日下午，我公司经理陈××乘坐贵公司“×××”号出租车时，不慎将皮包丢失，内有人民币7万元、身份证一个、护照一本、空白支票三张及各种票据若干张。在我们焦急万分时，贵公司司机王××先生主动将捡到的皮包送至我公司，使我公司避免了一次重大损失。为此，我们再三表示感谢并拿出1万元作为酬谢，王××先生却说“这是我应该做的”，表示不能接受。在此特致函贵公司，深表谢意。

××公司

×年×月×日

四、写作题

浙江吉利控股集团向××技术学校捐赠两辆分别价值近9万元的吉利帝豪GS和价值16万多元的帝豪EC7汽车。这两辆汽车将被用于新能源汽车专业的汽车维护、汽车故障诊断与排除、汽车发动机维修、汽车底盘维修等专业课教学，为该校的高技能人才培养提供极大助力。

请你以该专业师生的名义给浙江吉利控股集团领导写一封感谢信，全文不超过300字。

第六节 表 扬 信

学习重点

★ 了解表扬信的概念和种类。

★ 能在实际工作和生活中写出符合要求、格式规范的表扬信。

写作指导

一、表扬信的概念

表扬信是表彰个人或集体的先进事迹、先进思想的一种专用书信。其写作目的是使被表扬者受到鼓舞，使广大群众得到教育，从而弘扬正气，褒奖善举，推动社会主义精神文明建设的发展。

表扬信可以直接写给表扬对象，也可以写给表扬对象的所属单位，还可以写给报刊社、电台、电视台等新闻媒体。

表扬信的特点

1. 弘扬正气，褒奖善举。
2. 表扬为主，兼顾感谢。
3. 发文具有公开性。

二、表扬信的种类

从被表扬者的身份来看，表扬信包括对集体的表扬和对个人的表扬。从表扬双方的关系来看，表扬信可以分为上级对下级的表扬、团体对个人的表扬和群众之间的表扬。

三、表扬信的写作方法

表扬信通常由标题、称谓、正文、结尾和落款五部分组成。

1. 标题

一般居中书写“表扬信”三个字。

2. 称谓

另起一行顶格写上被表扬的单位、团体或个人的名称、姓名（后面加冒号）。写给个人的表扬信，应在姓名之后加上“同志”“先生”等称呼。如果是直接张贴到某单位、团体的表扬信，开头可不必再写受文单位。

3. 正文

另起一行空两格写，可分三个层次来写。

首先，交代表扬的理由，概括叙述事件的经过、结果，重点写明关键细节，用具体事实说明表扬的缘由，突出被表扬者事迹中最有教育意义的方面。

其次，指出行为的意义，在叙事的基础上点明被表扬者所作所为的意义，评价该事件反映出的好思想、好品质和好风尚。

最后，提出对对方的表扬，或者向对方的单位提出建议，希望给予表扬。

4. 结尾

一般写上“此致敬礼”等惯用语。

5. 落款

写发表扬信的单位名称或个人姓名，并注明年、月、日。如果署名是单位，则要加盖公章。

例文一

表　扬　信

××学校领导：

×月×日中午，由于孩子在家玩火，造成一场大火灾。当时我们尚未下班，贵校学生周××发现火情之后，不顾自己身有疾病，奋不顾身冲进火海。由于火势很猛，屋里烟浓，周××冲进屋后，房门马上被紧紧地吸住，外面的人进不去，大家都为周××捏着一把汗。周××在呼吸困难的情况下，临危不惧，急中生智，打破窗户玻璃，屋里压力减轻，门可以打开了。救火过程中，周××发现立柜旁还有一箱鞭炮，在十分危险的情况下，毫不犹豫地捧起鞭炮扔到窗外，避免了一场严重事故的发生。在周××的带领下，大火终于被扑灭，可周××同学却被烧焦了头发，烫伤了双手，该同学的英勇表现使所有在场的人赞不绝口。

目前，正值全国开展学雷锋活动之际，贵校学生周××不顾个人安危，临危不惧，挺身而出，抢救他人家庭财产，这一高尚行为给我们树立了良好的榜样。我们除向周××同学学习外，特写信向贵校建议，请贵校领导把周××的英雄事迹广为宣传，予以表彰，使广大学生以周××同学为榜样，将学雷锋活动推向高潮。

此致

敬礼

×××
×年×月×日

例文二

表 扬 信

××学校：

在开展“全民文明礼貌月”活动中，贵校的师生员工，不仅从自己做起，从本校做起，搞好清洁卫生，注意文明礼貌，而且多次利用双休日走上街头清理垃圾，维持交通秩序，开展法律咨询与宣传，义务为群众做好事，为建设精神文明做出了可喜的成绩。在此，市政府特授予你校“精神文明先进集体”的光荣称号。

××市人民政府
×年×月×日

想一想

表扬信写作的注意事项

1. 叙事要实事求是。对被表扬的人和事的叙述一定要准确无误，既不夸大，也不缩小。评价要实事求是，恰如其分。

2. 要用事实说理。要充分反映出对方的可贵品质。描写事迹要做到见人、见事、见精神，不要以空泛的说理代替动人的事迹。

3. 表扬信语气要热情、恳切，文字要朴素、精练，篇幅要短小精悍。

相关知识链接

表扬信与感谢信的区别

第一，感谢信一般由当事者或当事者的所在单位或亲属来写，而表扬信凡了解情况的人都能写。

第二，与感谢信相比，表扬信的收信单位更多的是被表扬者的上级单位。

第三，表扬信与感谢信一般均含有感谢的成分，但是表扬信以表扬、敬慕、学习对方为主，兼顾感谢。

第四，表扬信在陈述对方的事迹之后，多要揭示其事迹的模范意义，说明自己的欣慰之感，并由此而表明对表扬对象的奖赏之情，语言的感情色彩重在嘉勉；感谢信在陈述对方事迹之后，多要揭示其事迹的高尚意义，说明自己的感谢之情，感情色彩是崇敬。

思考与练习

一、简答题

1. 什么是表扬信？它有哪些种类？
2. 表扬信与感谢信有哪些区别？

二、改错题

指出下例表扬信的问题，并做出修改。

××省××市公安消防支队表扬信

中央电视台《生活 567》栏目组，

贵单位刘明、张三两名同志来我支队拍摄节目期间，虽然拍摄工作难度大、现场环境险要，但他们能够忘我工作，迎难而上，顺利地完成了拍摄工作，给我支队官兵留下了深刻的印象。

从刘明、张三两位同志身上，我们看到了贵单位的优良作风，他们是我们学习的榜样。广大官兵纷纷表示，要学习两位记者忘我工作、爱岗敬业、吃苦耐劳、廉洁奉公的精神，在消防工作岗位上履行全心全意为人民服务职责。

希望贵单位能适时对刘明、张三两名同志予以表扬和奖励。

此致

敬礼

×年×月×日

××省××市公安消防支队

三、写作题

2007 年以来，××技师学院机械工程系高级数控 18 班的于晓飞、张明明同学一直坚持在校园内捡白色垃圾，在他们的带动下，学院的全体师生养成了不随手乱扔垃圾的好习惯，保持了学院的良好环境，大大增强了师生的环保意识。请你代学院团委给两位同学写一封表扬信。

第七节 倡 议 书

一、倡议书的概念

倡议书是个人或集体提出建议并公开发起，以共同完成某项任务或开展某项公益活动为目的的一种专用书信。

倡议书的特点

1. 倡议书的群众性。
2. 倡议书的不确定性。
3. 倡议书的公开性。

小资料

二、倡议书的写作方法

1. 标题

倡议书标题一般由文种名独自组成，即在第一行居中用较大的字体写“倡议书”三个字。另外，标题还可以由倡议内容和文种名共同组成，如“垃圾分类倡议书”。

2. 称呼

倡议书的称呼应根据倡议的对象选用，如“广大的青少年朋友们：”“广大的妇女同胞们：”等。有的倡议书也可不用称呼，而在正文中指出。

3. 正文

正文内容一般包括以下几个方面。

（1）**写倡议书的背景、原因和目的** 倡议书的发出旨在引起广泛的响应，只有交代清楚倡议活动的原因和当时的各种背景事实，并申明发布倡议的目的，人们才会理解和信服，才会自觉地行动。这些因素交代不清就会使人觉得莫名其妙，难以响应。

（2）**写明倡议的具体内容和要求** 倡议的内容是正文的重点部分，一定要具体化。开展怎样的活动，要做哪些事情，具体要求是什么，它的价值和意义都有哪些等要素均须写明。

倡议的具体内容一般是分条开列的，这样写更清晰明确，一目了然。

4．结尾

结尾要表示倡议者的决心和希望，或者写出某种建议。倡议书一般不在结尾写表示敬意或祝愿的话。

5．落款

落款即在右下方写明倡议者单位、集体或个人的名称或姓名，署上发倡议的日期。

细节透视

倡议书的种类

1．按发起者分，可分为三种：个人倡议书、集体倡议书和企事业单位倡议书。

2．按倡议内容分，可分为两种：针对某一具体生活事件的倡议书和针对某种思想意识、精神状况的倡议书。

例文一

倡　议　书

全校师生：

美丽校园，知识殿堂，需要我们共同呵护；和谐校园，你我之家，需要我们共同守护；文明校园，一言一行，需要我们共同努力。当前，全校上下正处在深入开展文明校园创建，配合全市开展全国文明城市创建的关键时期，为引导广大学生积极参与文明校园创建，自觉培育和践行社会主义核心价值观，为建设文明校园和创建全国文明城市做出积极贡献，我们向广大同学提出以下倡议：

一、文明课堂，营造良好学风。我们应牢记学习使命，上课不迟到、不旷课、不早退；上课认真听课，不看课外书、不睡觉、不玩手机、不接听电话；不将早餐、零食等带入教室；不在教室内嬉笑娱乐；自觉保持黑板干净、教室整洁，营造良好教室环境。

二、文明用餐，养成良好习惯。作为一名文明学校人，我们理应自觉排队就餐，不拥挤、不吵闹；节约粮食，不剩饭菜；不把餐食带出餐厅；不代他人占座；不将雨伞等物品放到餐桌、椅子上；注意就餐时的礼貌，不喧哗、不酗酒；饭后将餐具放回回收处。

三、文明宿舍，共创和谐之风。宿舍文明应讲究个人卫生和公共卫生，勤整理、勤清洗、勤打扫；勤开窗户，保持寝室空气流通、清新；提升个人素质，与室友和平相处、相亲相爱。

四、文明个人，展示良好形象。牢记社会主义核心价值观，熟知全国文明城市创建应知应会，不闯红灯、不随地吐痰、不说脏话、公共场所不大声喧哗、不插队买票购物、不乱贴乱画、不损坏花木，做到举止文明，展示我校学子良好形象。

举手投足展示文明形象，一言一行彰显校园文明。同学们，让我们携起手来，从我做起，从小事做起，从现在做起，争做文明学校人，争创文明校园。用行动诠释文明之美，共筑校园文明之风。同学们，让我们争做校园文明的践行者，让文明之花绽放，让和谐之乐唱响。

××学校学生会
×年×月×日

例文二

校园禁烟倡议书

尊敬的老师、亲爱的同学们：

学校是一个健康场所，是我们健康成长的摇篮。为树立和展现我校师生良好的精神面貌，养成良好文明的生活习惯，创造文明、洁净、优美的校园环境，根据教育部关于在全国各级各类学校禁烟的要求，学校现向我校全体师生发出倡议——“构建无烟校园，我们共同行动!”

我们在此向全校师生发出如下倡议：

1. 遵守公共场所禁止吸烟的规定，自觉从自身做起，倡导文明健康的生活习惯。

2. 主动参与禁烟，给身边的人创造一个健康的学习、生活和工作环境。

3. 老师不在教学区、校园内等公共场所及学生面前吸烟，并带头戒烟，做戒烟先锋；学生不在寝室、校园抽烟，自觉远离烟草，争做文明学生。

4. 如果看到他人吸烟，为了自己和大家的健康，请对其进行友好的提醒和劝诫。

5. 积极参与宣传吸烟的危害，让你的亲人和身边的朋友明白吸烟的危害，自觉远离烟草。

老师，同学们，为了自己和身边老师、同学的身体健康，为了创造洁净、文明、优美的和谐校园环境，请大家积极响应我们的倡议，远离烟草、珍爱生命。

××高级技工学校

×年×月×日

想一想

倡议书写作的注意事项

1. 倡议书的内容要有新的时尚和精神，要切实可行，要不违背国家的方针政策。

2. 倡议书的背景目的要写清楚，理由要充分。

3. 倡议书的措辞要恰当，情感要真挚，同时要富于鼓动性。

4. 倡议书篇幅不宜太长。

相关知识链接

建　议　书

建议书是个人、单位和有关方面，为了开展某项工作、完成某项任务或进行某种活动等，就某件事情的具体做法或某个问题的解决方法，向有关领导或上级单位提出建议性意见的书信体应用文书。

建议书是应用文的一种类型。其内容很广泛，像弘扬雷锋精神、开展精神文明活动、援助贫困山区孩子读书、开展拥军优属活动等，都可以写建议书。

当建议书的对象是面对群体时，虽然也带有建议，但主要目的是宣传、鼓动对方去做，具有一定的号召性；当建议书的对象是面对领导和有关部门时，一般是中肯地提出自己对对方工作的意见和自己的建议，没有要求对方去做的意思。

建议书和倡议书的格式基本相同。

例文三

建 议 书

广大的市民们：

水，滋润万物，与人们的生产生活息息相关。面对我们日日不可或缺的生命之源——水，我们知道的到底有多少？

中国的水资源虽然总量比较丰富，但分布不均，东多西少，南多北少，缺水的地方很多。而在不缺水的地方，人们浪费水、污染水的现象又非常严重。一些工厂不注意保护水资源，把工业废水排入江河湖泊，造成了水资源的严重污染。很多家庭表面上看很节约用水，实际上是在浪费水资源，将一些完全还可以利用的水，一盆一盆地直接倒入下水道。这些被浪费的水，如果要认真地计算其结果会让人惊讶得目瞪口呆！

在此，特地向广大市民提出以下建议：

1. 淘米水洗菜，再用清水清洗，不仅节约了水，还可有效地清除蔬菜上的残存农药。

2. 夏天给室内外地面洒水降温时尽量不用清水，而用洗衣之后的洗衣水。

3. 冲厕所：如果您使用节水型设备，每次可节水4～5千克。

4. 洗菜：一盆一盆地洗，不要开着水龙头冲，一顿饭可节省50千克。

5. 将卫生间里水箱的浮球向下调整2厘米，每次冲洗可节省水近3千克；按家庭每天使用4次算，一年可节约水4380千克。

珍惜资源，保护资源，节约资源，人人有责。让我们从现在做起，从我做起，从点点滴滴做起，珍惜地球母亲赐予我们的一切自然资源。

此致

敬礼

市民王××

×年×月×日

倡议书与建议书的区别：

第一，倡议书一般公开宣读、张贴或发表，内容面向公众，属于书面号召的性质，所提倡的内容一般为公众所认同。而建议书公开宣读、张贴或发表的较少，因为它的内容包含个人见解的陈述，仅供受众参考。所以建议书一般使用商讨的语气，不像倡议书那么富于鼓动性。

第二，倡议书一般要响应国家大政方针政策，符合时代精神，体现时代风貌等，而建议书的主题没有倡议书的主题那么大气，内容可以商量、商榷，向受众反映目前的具体情况。

第三，倡议书的结尾一般不写表示敬意和祝愿的话语，而建议书结尾一般表示敬意或表示祝贺，例如惯用“此致敬礼”表述对受众对象的敬意。

思考与练习

一、简答题

1. 倡议书的概念及特点是什么？

2. 倡议书的写作注意事项有哪些？

二、写作题

李克强总理在政府工作报告中提出："倡导全民阅读，建设书香社会。" 4月23日是世界读书日，学校每年4月都将举办读书月活动。请你以校团委的名义写一封倡议书，倡导同学们多读书、读好书，共同创建书香校园。

第八节　竞聘演讲稿

学习重点

★　了解竞聘演讲稿的概念和基本结构。

★　能在实际工作和生活中根据需求写出竞聘演讲稿。

写作指导

一、竞聘演讲稿的概念

竞聘演讲稿是竞聘者为了实现竞争上岗，在公开或特定的场合，面对评审者或听众就竞聘职位所发表的，展示自我竞聘条件、阐述聘后工作设想的演说类文稿，也称竞聘演讲词、竞聘报告、竞聘书等。竞聘演讲稿为竞聘者提供了一个充分展示和表现自我的舞台。

竞聘演讲稿的特点

1. 针对性。　2. 独到性。

3. 条理性。　4. 深刻性。

5. 鼓动性。　6. 通俗性。

小资料

二、竞聘演讲稿的写作方法

1. 标题

(1) **只标示文种名称**　即只书写"竞聘词""竞聘报告""竞聘演讲稿"等字样。

(2) **竞聘者和文种名称**　如“×××的竞聘稿”。

(3) **竞聘职位和文种名称**　如“竞聘××学院学生会主席的演讲稿”。

(4) **正标题和副标题**　正标题用一句话概括或突出竞聘演讲稿的思想内容，副标题标示竞聘者、竞聘职位及文种名称等，如“明明白白做人　实实在在做事——竞聘班长的演讲词”。

2. 称呼

在标题或署名之下另起一行顶格写对评审者和听众的称呼。

3. 正文

正文一般由开头、主体和结尾三个结构层次构成。

(1) **开头**　一般开门见山地表明自己竞聘的职位，前面可以用简洁的礼仪性致谢词导入。开头要干净利落。

(2) **主体**　这是竞聘者的核心所在，一般包括个人基本情况、竞聘优势所在、岗位职责认知和聘后工作设想等内容。

1）个人基本情况。首先简明地介绍个人的姓名、年龄、学历、政治面貌和现任职务等基本情况，然后对自己与竞聘职位有关的经历与资历作比较具体的说明，让评审者和听众能够了解自己的基本条件。

2）竞聘优势所在。针对竞聘的职位展示自己的政治素质、管理能力、业务能力和已有政绩等条件，明确传达出自己能够完全胜任竞聘职位的信息。这部分要多用事实说话，采用引而不发的办法，让评审者和听众对自己做出肯定的结论。竞聘演讲稿要尽最大可能展示出“人无我有”“人有我强”“人强我新”的胜人一筹优势。

3）岗位职责认知。只有对岗位职责有正确清楚的认知，才能够有的放矢地明确提出针对该岗位的工作设想，包括具体的目标、措施等。否则，就意味着竞聘者不具备竞聘资格。因此，在竞聘演讲词中阐述对岗位职责的认知非常必要。

4）聘后工作设想。清晰地阐明如果自己竞聘成功，对未来工作所提出的目标及实现目标的具体措施，这是评审者和听众考察竞聘者的关键点之一。因此，聘后工作设想要具体翔实、切实可行。

(3) **结尾**　一般用简明扼要、自然真诚的语句表明竞聘上岗的信心、竞聘成败的态度，以及对评审者和听众的谢意等，以示郑重。

4. 落款

若标题未写明，可在落款处写上竞聘者姓名和竞聘时间。

细节透视

竞聘演讲稿写作的三个关键

一、要心中有听众。

二、要心中不忘自己。

三、要充分显示人格魅力。

例文一

竞聘演讲稿

王明

×年×月×日

尊敬的学校领导、老师、亲爱的同学们:

大家好!

我是来自煤电化自动控制3班的王明。我性格活泼开朗,处事沉着、果断,能够顾全大局。今天我很荣幸地站在这里表达自己由来已久的愿望:我要竞选学生会主席。我在这里郑重承诺:我将尽全力完成学校领导和同学们交给我的任务,使学生会成为一个现代化的积极团体,成为学校的得力助手和同学们信赖的组织。

我已经在团委会纪检部工作了近一年的时间,从工作中,我学会了怎样为人处事,怎样忍耐,怎样解决一些矛盾,怎样处理好纪检部与其他部门之间的关系,怎样动员一切可以团结的力量,怎样协调好纪检部各成员之间的关系,怎样提拔和运用良才,以及怎样处理好学习与工作之间的矛盾。这一切证明:我有能力胜任学生会主席一职,并且有能力把学生会发扬光大。

假如我当选了学生会主席,我要进一步完善自己,提高自己各方面的素质,要进一步提高自己的工作热情,以饱满的热情和积极的心态去对待每一件事情;要进一步提高责任心,在工作中大胆创新,锐意进取,虚心地向别人学习;要进一步广纳贤言,做到有错就改,有好的意见就接受,同时坚持自己的原则。假如我当选了学生会主席,我要改革学生会的制度,真正做到"优胜劣汰",做到"日日清,周周结",每周都对各部门的负责人进行考核,通过其部门的成员反映情况,指出他在工作中的优点和缺点,以朋友的身份与他商讨解决方案并制订出下阶段的计划。经常与他们谈心,彼此交流对生活、工作的看法,为把学生会工作做好而努力。开展主席团成员和各部长及负责人常作自我批评、自我检讨的活动,每月以书面材料形式存入档案。我还将常常找各部门的成员了解一些情况,为作出正确的策略提供可靠的保证。还要协调好各部门之间的关系,团结一切可以团结的力量,扩大学生会的影响及权威。

假如我当选了学生会主席,我将以"奉献校园,服务同学"为宗旨,真正做到为同学们服务,代表同学们行使合法权利,为校园的建设尽心尽力。在学生会利益前,我们坚持以学校、大多数同学的利益为重,绝不以公谋私。努力把学生会打造成一个学生自己管理自己、高度自治、体现学生主人翁精神的团体。

我知道,再多灿烂的话语也只不过是一瞬间的智慧与激情,朴实的行动才是开在成功之路上的鲜花。我想,如果我当选的话,一定会言必行,行必果。

请各位评委给我一张信任的投票,给我一个施展才能的机会!

例文二

竞聘机电设备主管的演讲稿

尊敬的各位领导,各位评委:

大家好!我叫张奋斗,竞聘的是采购中心的机电设备主管职务。首先,我祝愿在座各位身体健康、事业有成，更祝愿今天所有的参加竞聘者都有一个美好的未来，有一个成功的人生！

下面我简要介绍一下个人情况。

我今年28岁（党员），哈尔滨理工大学函授电气自动化专业本科学历。2011年进入哈尔滨气化厂，先后在造气分厂经营科做材料员、在总厂机动处备件科做采购员，2017年起任供水分厂经营科长。

经过仔细衡量，我自认有如下竞聘优势：

一是经验优势。多年来，我始终工作在材料物资领域，曾主要从事机电设备采购工作，并负责选煤、造气、净化和空分等分厂专有设备备件及全厂水泵配件通用设备的采购工作，尤其是在机动处工作时积累了丰富的采购经验。这些将成为今后工作中无可比拟的优势。

二是技能优势。首先，我熟悉机电设备，了解相关市场；其次，我做过采购工作，有一定的采购营销技能，尤其是具有沟通协调能力，善于与人谈判；最后，我熟知国家相关法律法规，了解合同款项。以上这些技能将是降低采购成本、提供质量最优物品，维护我单位利益的最有利保证。

三是管理优势。我在基层工作多年，了解厂内情况；作为分厂经营科长，我协助分厂班子抓经营管理工作，因而积累了一定的管理经验。同时，我还能够把管理理论与工作实践相结合，摸索出一套行之有效的管理方法。

各位领导，各位评委，如果我赢得这次竞聘，我将从以下几个方面开展工作。

一是加强沟通与交流，建立和谐的人际关系。只有和谐，才能更好地发展。对此，我将摆正自己的位置，处理好与领导同事的关系，凡事多交流，增进友谊，搞好团结，搞好团队的发展服务。

二是履行职责，根据计划按期保质保量采购所需机电设备物资。我将协助上级建立并执行采购管理制度，定期做好统筹规划，及时向上级汇报，并跟踪使用效果，确保完成整体工作指标，做到全年账物相符、账账相符。

三是做好采购信息的收集和分析，减少采购成本。我将着眼于市场，不断开辟建立新的物资供应渠道，最大限度节省采购开支。在确保质量的前提下，尽可能减少采购费用，缩短采购周期，满足工作需要和成本效益的要求，提高工作效率和经济效益。

四是加强学习，树立正确的荣辱观和服务理念，不断提升综合素质。在今后的工作中，我将不断强化服务意识和务实精神，身先士卒，率先垂范，做到腿勤、脑勤、嘴勤。加强沟通配合，把工作做实、做细、做透。

各位领导，各位评委，如果承蒙厚爱，让我赢得竞聘，我将本着“自动、自发，多做、做好”的原则，开拓创新，实现诺言，在服务与奉献中创造更多的价值。即使竞聘失败，我也将以此为新的起点，站在全局的高度，奋勇拼搏，挑战自我，创造更好的业绩！

谢谢大家！

竞聘人：张奋斗
×年×月×日

想一想

竞聘演讲稿写作要求

1. 气势要先声夺人。
2. 态度要真诚老实。
3. 语言要简练有力。
4. 内心要充满自信。

相关知识链接

竞聘演讲中"自我介绍"写作注意事项

一、讲求真实性

在竞聘演讲中介绍个人经历时，真实性是非常重要的。因为经历是指亲身见过、做过或遭受过的事情，任何虚假的内容都不能称为经历。演讲者只有以实事求是的态度，说真话，讲真事，才能以强烈的真实感赢得评委和听众的信任。

演讲者在简要说明自己的年龄、政治面貌、文化程度和技术职称之后，着重介绍自己的工作经历，无论是参加工作和调动工作时间，还是工作单位和任职情况，都应讲得既具体又确切，让评委和听众感到真实可信。

二、注重简要性

竞聘者在演讲中介绍个人简历时，必须注重简要性，也就是力求简明扼要。绝不能为了展示自己而面面俱到，喋喋不休。只有简要介绍个人经历，才能避免出现重点不突出、中心不鲜明的弊病。

三、体现实效性

在竞聘演讲中演讲者必须根据竞职目标的需要来确定介绍的内容，不能随心所欲地介绍情况，否则，讲得再多也起不了多大作用。实践经验表明，只有介绍与竞选的岗位职务有密切关系的个人经历，并能突出自己在这些方面的实力和优势的演讲者，才容易获得评委和听众的关注和认可。例如，演讲者针对竞选目标，着重介绍了自己在高中和大学阶段长期担任文娱委员的经历，不仅说明工作经验丰富，而且证实工作成绩优异。这就充分展示了竞选者的文艺才华，突出了竞争优势，显然会获得"选民"的信任和支持。

四、突出特殊性

不言而喻，由于家庭出身、学习环境以及社会际遇的差异，每个人的经历都有与别人不尽相同之处，这个不同点也许就是一笔独特的人生财富。因此，竞职者在介绍个人情况的时候，一定要把自己与任职条件有关的特殊经历讲出来。这样做，不仅可以突出"人无我有"的优势，而且能够以与众不同的新意引起评委和听众的特别关注和格外重视。

思考与练习

一、简答题

1. 什么是竞聘演讲稿？它具有哪些特点？
2. 竞聘演讲稿基本结构和写作要求是什么？

二、写作题

你所在的班级要公开竞选班委会成员，请你根据自身的实际情况选择一个合适的职位并写一份竞聘演讲稿。

第三章 事务文书

事务文书是党政机关、社会团体、企事业单位处理日常事务，用来沟通信息、总结经验、探究问题和指导工作的一类文体。一般具有重要的参考性和较强的时效性。

第一节 会议记录

学习重点

★ 掌握会议记录写作的基本格式、要求。

★ 能按会议记录的基本格式进行写作。

写作指导

一、会议记录的概念

会议记录是记录会议组织情况和主要内容的一种应用性文书。它是反映会务活动的重要材料，是传达、贯彻、执行会议精神的依据。会议所形成的会议纪要等文件，一般都要以会议记录为蓝本。重要的会议记录要存档，具有文件的性质。

会议记录的特点

1. 真实性。
2. 原始形态性。
3. 完整性。

小资料

二、会议记录的种类

会议记录按内容和性质来分，可分为行政例会记录、工作会议记录和座谈会记录三种。

1．行政例会记录

行政例会记录是召开办公会议和行政例会时所形成的会议记录。

2. 工作会议记录

工作会议记录是召开专门性工作会议，研究重大问题时所形成的会议记录。

3. 座谈会记录

座谈会记录是解决某个重要问题、讨论某项学术问题时，召开有代表性的人员参加的座谈会所形成的会议记录。

三、会议记录的写作方法

会议记录一般由标题、会议组织情况、会议内容和结尾四部分组成。

1. 标题

一般由单位名称、会议名称和文种名三个要素组成。有的可以省略单位名称。

2. 会议组织情况

一般包括会议时间、会议地点、主持人、出席人、列席人、缺席人和记录人等。

会议时间，要写明年、月、日，上午、下午或晚上，×时×分。

主持人，一般包括职务和姓名。

出席人，根据会议的性质、规模和重要程度的不同，这一项的详略也有所不同，有时可以只显示身份和人数，如“各部门经理9人”等；如果出席人身份比较复杂，如既有上级领导，又有本单位各部门的主要领导，还有各有关人员，最好将主要人员的职务和姓名一一列出，其他有关人员则分类列出。

列席人，其身份和姓名可参照出席人的记录方法。

缺席人，写清缺席人的姓名及缺席原因；人多的会议，只记录缺席人数。

这些内容在会议开始之前就要写好。

3. 会议内容

这是会议记录的主要部分，包括主持人发言、会议报告或传达的有关事项、与会者讨论发言的情况、会议决议、会议涉及的其他主要内容等。

根据会议的重要程度及领导要求的不同，这一部分有详细记录和简要记录两种方法。

详细记录法，主要用于记录重要的会议。它要求将会上每一个人发言的原话都要尽可能地记录下来，特别是对重要的发言、讨论中的不同意见和争论，不仅要记下原话，而且还要尽可能地记下发言人的表情、手势和姿态。对会议决议、表决、弃权等情况也要如实记载。对会议的决议，记录人要念给与会者听，向与会者征求意见，并进行核实，以力求准确完整。

简要记录法，主要用于记录一般的会议。往往简明扼要地记录会议的重要内容，对每个人的发言，根据要求不记或只做简要记录，但对会议的决议要详细记载，不得有遗漏。

4. 结尾

会议结束，记录即将完毕时，一般另起一行空两格写上“散会”二字，也可以略去不记。最后，由主持人和记录人在会议记录的右下方签上姓名，以示负责。

细节透视

会议记录的作用

1. 依据作用。2. 素材作用。3. 备忘作用。

例文一

班会会议记录

时间：×年4月25日下午4时

地点：高机电一体化25班教室

出席人：高机电一体化25班全体同学

列席人：高××（老师）

主持人：班长邢×

记录人：张×

会议内容：研究纪念抗日战争胜利75周年的活动

一、主持人讲话

今年是抗日战争胜利75周年，在纪念抗日战争胜利75周年的日子里我们应做些什么，该如何开展纪念活动，请各小组同学讨论，各小组代表发表意见。

二、发言

杨×：为了更深刻地了解抗日战争胜利的伟大意义，我们组的同学建议全班同学观看几部抗战题材影片，如《地道战》《地雷战》《血战台儿庄》等，写出观后感，交班委评出优秀作品。

郭××：我们提议在班内开展一次抗战歌曲演唱会，以此弘扬抗战精神，表达我们继承先烈遗志的决心。

金××：我们认为，要纪念抗日战争胜利75周年，就得先了解日本帝国主义在中国犯下的滔天罪行，以此激发我们的民族自尊心，我们建议同学们收集反映日寇罪行的图片，如南京大屠杀一类的，板报组在板报上开辟出一块“图片园地”，将同学们收集的图片陆续展出。

李××：我们小组的同学有个想法，以组为单位走出校门，深入到抗日英雄的家中去访问，请他们为我们讲故事，我们定期为他们做好事，或把他们请到我们班做报告，使我们更深刻地了解先辈们为了我们今天的幸福是怎样浴血奋战的。

三、决议

1. 收集抗战图片，开辟“图片园地”，定期更换展出。
2. 走访抗日英雄，邀请他们来做报告，并组织“儿童团”服务分队。
3. 观看几部抗战题材影片，写出观后感。
4. 组织一次“抗战歌曲”比赛。

以上几项决议，请班主任老师提意见，修改后实行。

下午5点30分散会。

主持人　邢×（签名）

记录人　张×（签名）

例文二

会议记录

会议时间：20××年5月22日星期二

会议地点：26层会议室

会议主持：杨明华经理

会议主题：加强劳动纪律、整顿工作作风、提高服务质量

参会人员：银领国际管委会全体职工

会议记录：陶月丹

杨明华：为加强管委会各部门劳动纪律、整顿员工工作作风、提高人员服务质量，特组织召开此次职工大会，望大家谨记会议精神，各负其责，做好本职工作，要加强劳动纪律管理、整顿工作作风、提高服务质量。关于劳动纪律我要讲以下几点：

1. 上班期间禁止扎堆聊天，各部门禁止上班期间擅自离岗以及夜班期间到处串岗等，各部门应紧抓劳动纪律管理，整顿工作作风。

2. 职工手册已下发，望各部门组织学习，按照规章制度办事，凡违反规章制度者，一律按照员工手册进行处罚。

3. 管委会每个礼拜进行两次抽查，作为员工绩效考核依据。对于检查中出现的问题，根据情况进行相应的奖励与处罚。

4. 各工作人员深入楼层，主动为业主服务，提高服务质量，提高业主满意度。各部门应相辅相成，团结合作，共同提高大厦的服务质量。

陶月丹：关于规范劳动纪律我进行以下补充：

1. 公休除特殊情况外，一律向公司上交公休条后方可执行。如遇紧急情况，需向部门负责人或经理请假方可休班。未经允许擅自公休者，一律按照旷工处理。

2. 关于上班期间擅自离岗一事，公司每周将进行两次抽查，凡未经同意擅自离岗者一律按照当天事假处理。部门负责人因事中途离岗者需经理批准后方可离岗，否则按照当天事假处理，并处罚款50元。

3. 保安人员禁止上班期间在休息厅休息，不准在大厅坐班，一经发现保安人员罚款20元，保安队长罚款30元。若保安队长本人带头违反，保安队长罚款50元。

4. 上班期间禁止扎堆聊天，一经发现处罚如上。

5. 上班期间禁止擅自离岗逛街（夜班雷同），一经发现罚款50元。

杨明华：各部门负责人应带好头，加强责任心，我们的管理是“直线管理”模式，员工的考核需通过部门负责人进行评比考核，部门工作人员需听取部门负责人的领导。部门出现的问题应及时向部门负责人汇报，部门负责人解决不了方可上报公司。还要优化请假流程，员工请假必须由部门负责人签字同意后方可执行，禁止越级请假。同时，各部门负责人需做好部门人员公休安排，无特殊情况，一个部门一天仅可有一人休息。

各部门应遵守劳动纪律，整顿工作作风，提高服务质量。团结合作、协同作战，工作上互相帮助，生活中互相关心，将管委会打造成具有凝聚力的团队。

主持人：杨明华（签名）

记录人：陶月丹（签名）

想一想

会议记录写作的注意事项

1. 真实、准确：要如实地记录别人的发言，不论是详细记录，还是概要记录，都必须忠实原意，不得添加记录者的观点、主张，不得断章取义。
2. 要点不漏：记录的详细与简略，要根据情况决定。一般地说，决议、建议、问题和发言人的观点、论据材料等要记得具体、详细。一般情况的说明，可抓住要点，略记大概意思。
3. 始终如一：始终如一是记录者应有的态度。这是指记录人从会议开始到会议结束都要认真负责地记到底。

相关知识链接

会议记录和会议纪要的区别

1. 性质不同：会议记录是记录会议上的一言一行，不分重点，全盘记录。而会议纪要是根据会议记录，抓出重点，编成会议大纲，强调会议主要内容，重要人物话语意思。

2. 功能不同：会议记录不具备指导工作的作用，一般不向上级报送，也不向下级分发，只作为资料和凭证保存；会议纪要经过上级机关审批，就可以作为正式文件印发，有的还直接在报刊上发表，让有关单位贯彻执行，因此它对工作有指导作用。

3. 载体样式不同：会议纪要作为一种法定公文，其载体为文件，享有《中国共产党机关公文处理条例》《国家行政机关公文处理办法》所赋予的法定效力。会议纪要的载体是会议记录簿。

4. 写法不同：会议记录作为客观纪实材料，无选择性、提要性，要求原原本本地记录原文原意，且必须随着会议进程进行，越详细越好；会议纪要则有选择性、提要性，不一定要包容会议的所有内容，在会议记录的基础上加工整理而成，它集中反映了会议的精神实质，具有高度的概括性和鲜明的政策性。

5. 适用对象不同：作为公文的会议纪要，具有传达告知功能，因而有明确的读者对象和适用范围；作为历史资料的会议记录，不允许公开发布，只是有条件地供需要查阅者查阅利用。

思考与练习

一、简答题

1. 什么是会议记录？会议记录有哪些特点？

2. 会议记录的写作方法及种类。

二、改错题

下面这份会议记录有几处缺漏，请指出并补上。

××学院第×次办公室会议记录

时间：3月10日下午

出席人：刘××（院长）、杨××（总务长）、孙××（教务处长）、张××（院长办公室主任）、吴××（院长办公室秘书）及各系各单位主要负责人。

列席人：王××、张××。

主持人：刘××（院长）。

记录人：吴××（院长办公室秘书）。

一、报告

1. 杨××报告学院基本建设进展情况（略）。

2. 主持人传达省人民政府《关于压缩行政经费的通知》（以下简称《通知》）（略）。

二、讨论

我院如何按照省人民政府的《通知》精神抓好行政经费的合理开支工作，切实做到既勤俭节约，又不影响正常教学、科研等活动的开展。

三、决议

1. 利用两个半天时间（具体时间由各系各单位自己安排，但必须安排在本周内）组织有关人员集中学习《通知》精神，提高认识，统一思想。

2. 各系各单位负责人在认真学习的基础上，利用下周政治学习时间向群众传达、宣讲。

3. 各系各单位责成有关人员根据《通知》的压缩指标，重新审查和修改本年度行政经费开支预算，并于两周内报院长办公室。

4. 各系各单位必须严格控制派出参加校外会议及外出学习的人数，财务部门更要严格把关。

5. 利用学习和贯彻《通知》精神的机会，对全院师生员工普遍开展一次勤俭节约、艰苦朴素的传统教育。

三、写作题

根据下面的内容整理一份格式规范的简要的会议记录。

9月20日下午，电焊7班以“学习经验交流”为主题召开了“优良学风建设”主题班会。会议由班长曹××主持，唐××担任记录。这次班会主要是请上学期期末成绩在全年级前10名的7位同学周××、黄××、肖××、吴××、陈××、张××和庞××上台跟大家交流自己的学习方法。

周××认为学习就是要专心，要用心。

黄××认为学习效率非常重要，而好的学习效率主要体现在上课的45min，上课时要认真听老师讲的重点、要点。

肖××认为要学好知识主要从以下几个方面来进行：第一，不要浪费课堂时间；第二，认真做好笔记；第三，找一个适合自己的学习环境；第四，有个目标。

吴××认为学习不是看方法而是看态度。

陈××认为要想在学习中取得优秀的成绩，上课认真听课是最重要的，其次是做好笔记。

张××认为学习首先要相信自己的能力和实力，在学习中要注意根据自己的特点找到一天中自己学习效率最高的时候学习，其他的时候可以做一些休息娱乐的活动，还有就是根据自己的规划找准方向，注重自己的学习方法。

会议本来有7位同学发言，可是由于庞××同学去参加“首届学院舞蹈大赛”彩排而没能参加这次主题班会，因此只有6位同学发言。

第二节　计　　划

学习重点

★　掌握计划的写作格式及要求。

★　能按计划的基本格式进行写作。

写作指导

一、计划的概念

计划是党政机关、社会团体、企事业单位或个人，为了实现某项目标和完成某项任务而事先做的安排和打算。

计划的特点

1. 预见性。
2. 针对性。
3. 可行性。
4. 约束性。

二、计划的种类

1）按内容分，有综合性计划和专题性计划（单项计划）。

2）按功用分，有工作计划、生产计划、学习计划、科研计划、训练计划、军事计划和各种会议活动计划等。其内容与各单位、各行业的业务工作有密切关系。

3）按时限分，有长期计划、短期计划、年度计划、季度计划、月计划和周计划等。

4）按范围分，有国家计划、部门计划、单位计划和个人计划等。

三、计划的写作方法

计划一般包括标题、正文和结尾三部分。

1. 标题

计划的标题就是计划的名称。它一般包括三项内容。

(1) **单位名称** 即制订计划的机关或单位。个人计划不写这一项。

(2) **时限** 即执行该计划的时间限定。

(3) **内容及文种名** 即写出是何种计划及其成熟程度。计划是一种统称，可使用“规划”“纲要”“打算”“方案”“安排”“策划书”等不同名称。成熟程度可用圆括号在标题下标明，如“(征求意见稿)”“(供讨论)”“(草案)”等。定稿或正式稿则不标明。

2. 正文

正文一般包括三部分。

(1) **前言** 计划的前言一般有两项内容。

1) 前一时期情况的简要说明，指出成绩、经验和问题，意在表明为什么要制订本计划。

2) 指出本计划是根据党和国家的路线、方针、政策和上级的什么要求制订的，说明制订本计划的依据。

前言是计划的“总纲”和“灵魂”，必须努力写好，切忌篇幅过长。

(2) **目标** 根据需要和可能，提出计划的限定时间内具体的努力方向和奋斗目标。如果是一个企业的综合计划，这部分应该有产值增长速度、实现利润、成本降低率、科研新产品、技术改造、企业整顿、职工福利和精神文明建设等各项指标。这部分实际上是给企业的各项工作提出了一个明确的标准。企业的目标管理和各部门的目标制定均以此为据。

(3) **任务和措施** 任务是为达到目标而必须承担的责任或担当的工作。任务既有定性的要求，也有定量的要求。措施包括为完成该项任务所需要的条件、办法、程度、步骤和时间限定等。这部分主要是写好三方面：做什么、怎么做、什么时候完成。

这部分是计划的重点，是其中心内容所在。这部分写得具体、周详，完成计划就有了可靠保证。

当然，计划的正文也可以不按上述顺序写。在写出简短的前言后，可以把奋斗目标、任务、具体措施和办法穿插起来分项写。

3. 结尾

计划的结尾一般不用收束性词语。正文结束后，在正文的右下方写上制订计划的单位名称和日期(计划标题上如已冠以单位名称，结尾处就不必再写)。如果计划要上报或下发，则应在日期上加盖公章。

此外，与计划有关的一些材料，可以在计划后附表、附图。

细节透视

制订计划的写作要求

1. 有正确的指导思想。
2. 坚持实事求是的思想路线。
3. 坚持走群众路线。
4. 科学、准确定位。
5. 要有开拓创新精神和科学的预见性。
6. 文字精练、表述准确。

例文一

×学校文艺部常规工作安排

序号	工作内容	时间	负责人	备注
1	组织合唱团排练	每周二下午	×××	
2	组织舞蹈团排练	每周三下午	×××	
3	召开干事例会	每周四下午	×××	
4	召开文娱委员例会	每周五下午	×××	

×校文艺部

×年×月×日

例文二

寒假个人学习计划

时间过得真快，一个学期又过去了，我们又迎来了欢乐的寒假。寒假的来临，对于一个学生来说，是一件十分兴奋的事。为了充分利用一下寒假，使寒假过得既快乐又有意义，我为自己制订了如下计划：

一、保护视力

1. 尽量少看电视。

2. 每天坚持做眼保健操。

3. 合理使用计算机（虽然计算机也容易损坏眼睛，但是计算机已成为我学习和生活中的重要部分，也是我必不可少的一件“日常工具”了）。

二、提高学习能力

1. 每天坚持写日记，提高写作水平。

2. 预习下学期课程，背一些要求背诵的内容，并做题检验。

3. 认真做寒假作业。

4. 每天坚持听英语磁带并大声跟读。

5. 做一些课外题，巩固所学知识。

三、扩展课外知识

1. 多看课外书，同时，做好读书笔记，摘抄好词、好句，并背下来，运用到自己的文章当中，并按老师要求写好读后感。

2. 每天坚持背一首古诗。

3. 上网或看报了解新闻时事，了解国内外大事。

四、养成良好生活习惯

1. 房间要保持整洁，常常打扫。

2. 早睡早起（7:00前起床，22:00前休息）。

3. 每天11:30吃午饭，12:00午休，14:00起床。

4. 自己的事情自己做。

5．做一些力所能及的家务。

6．学会做一些简单的饭菜。

7．每周进行 2～3 次体育锻炼，如爬山、游泳、羽毛球和乒乓球等，以增强体质。

计划制订好后，最重要的是要按计划执行，不能光说不做，每过五天我会做自我检查。希望自己能过一个既快乐又有意义的寒假。

×××

×年×月×日

例文三

×学校学生社团发展规划

学生社团是校园文化的重要载体，是学校第二课堂的重要组成部分。为了顺应社会和时代发展的需要，适应教育改革和学生成长成才的要求，总结并探索过去社团管理经验；为了更好地发展社团，使学生社团在繁荣校园文化和推进学生素质教育的进程中发挥出更加突出的作用，特制订本发展规划。

一、指导思想

学生社团是广大学生为实现自身的意愿和爱好，发掘、培养和展现自身才华而自发组成的群众性团体，自我教育、自我管理、自我服务是其鲜明的特征。依据学生社团的这一属性，应把握学生社团发展要求的大方向、大原则，以“宏观指导，微观搞活”为指导思想，引导学生社团沿着健康、有序的轨道自主发展，在推进素质教育、服务学生成才和实现学校跨越式发展的进程中做出更大的贡献。

二、发展目标

1．构建一套高效、灵活的动态管理体系。

2．创建一批高层次、高品位的精品社团活动。

3．培养一批具有鲜明特色的优秀社团。

4．造就一批素质高、能力强的学生社团骨干。

三、工作思路

1．加强学习

认真学习新时期学生社团工作的新理论、新经验；认真学习学校关于学生组织、学生活动的指导方针和各项决定，并在学习的基础上认真研讨，深刻领会；因地制宜，学以致用，为我校的学生社团发展服务。

2．注重调研

适应社会发展之所需、学生全面成才之所求，大兴调研之风。深入了解广大学生对社团建设的建议、意见，努力探索新时期学生社团的自身特点和发展规律，不断改进学生社团管理、服务工作的质量。

3．深入实践

工作中强调理论联系实际，注重在学习和调研的基础上深入实践，同时努力创建良好的科技、学术、文艺等社会实践氛围，鼓励广大学生勇于实践、乐于实践，在学习中实践，在实践中学习。

4．坚持创新

树立创新意识，培养创新能力。积极进行管理理念、工作方法和实践形式方面的创新。

5．强调协作

维护学生社团成员内部的团结，加强学生社团之间相互的协作，拓宽学生社团校际交流的渠道，积极寻求与校内外企事业单位进行多种形式的合作。

四、工作重点

1．狠抓组织建设

1）建立健全各项规章制度。

2）做好学生社团的成立审批工作，积极引导新的学生社团组织的成立和发展。

2．完善管理机制

1）建立有效的激励机制。

2）实行灵活的管理机制。

3）建立社团管理的高效运行机制。

3．办好社团活动

高度重视学生社团开展的活动，积极采取措施为学生社团开展活动搭建舞台、拓展空间、提供机会。完善学生社团活动的项目申报制度和责任制管理制度，在办好"学生社团文化节"社团活动项目的同时，鼓励其他精品学生社团活动蓬勃开展，使学生社团的价值在多姿多彩的社团活动中得以充分体现。

4．营造良好的发展氛围

积极采取措施，多方寻求支持，努力为学生社团的健康发展争取各方面的必要条件，营造学生社团蓬勃发展所需的良好的内外部环境。

计划写作的注意事项

1．要做到正确的指导方针和本单位（或本人）的实际情况相结合。

2．要认真调查研究，了解前一个时期工作的成功经验、不成功的原因、哪些工作已经做完等。

3．要有明确的要求，要有充分的、具体有力的措施。

4．要加强预见性。

5．文字上要简明扼要、概括准确，让人一看就明白。

相关知识链接

规划、计划和安排的区别

计划、规划与安排同属于计划性文体，但是同中有异，它们之间的主要差异是：

1．范围大小不同

规划是从宏观的角度，全面地展望前景，对全国或某一地区、一项事业或较大工作的原则的谋划。规划的规模宏大，涉及面广，概括性强。

计划是对工作、生产、经营和学习提出的具体打算。计划的规模没有规划大，涉及面没有规划广，综合概括的程度没有规划高。

安排是从微观的角度，就某件具体事情提出任务和要求，做出具体的部署。

2. 时限长短不同

规划是比较长远的发展计划，时间可以是3年、5年，也可以是10年、20年。规划的适用期较长，但时间性要求不严格。

计划比规划的时间性强一些，期限短，限期完成某一任务。

安排比计划在时间上更短些、近些，是对短时间内的某项工作提出的要求和任务。

3. 内容具体程度不同

规划的内容庞杂概括，对某个事业、某一任务、某项工程往往是原则性地展示出发展蓝图。规划不作具体安排，主要是定目标、定规模、定前景，富有理想性和感召力。

计划比规划在内容上要简单一些、具体一些，有强烈的约束性。计划主要是定任务、定指标、定时间。

安排比计划的内容更为单纯、详细，需制订完成某项任务的具体方法、步骤、措施以及如何组织实施，具有较强的操作性。

思考与练习

一、简答题

1. 什么是计划？计划的种类有哪些？
2. 怎么样才能把计划制订好？

二、改错题

根据所学到的计划知识修改下面的“班委会工作计划”。

班委会工作计划

1. 学期初召开班委会扩大会议，明确各班委及科代表工作职责。
2. 班委会在全班每月组织一次主题班会。
3. 班委会每天轮流值日，检查班级常规，如班级纪律、卫生值日等。
4. 班委每人和班上一名后进生组成“一帮一”小组。

此致

敬礼

高一（2）班全体同学

×年×月×日

三、写作题

1. 根据制订计划的要求，结合你的学习实际，制订一份本学期的学习计划。

2. 假如你是班长，请你按照本班的实际情况，为本班制订一个“文明礼貌活动周”的活动策划方案。

第三节　总　　结

学习重点

★　了解总结的概念及种类。

★　能按总结的基本格式进行写作。

写作指导

一、总结的概念

总结是对前一阶段工作或学习进行回顾、检查和分析研究，并从中找出经验和教训，获得规律性的认识，以便指导今后实践的一种事务文书，是应用写作实践中的一种常用文体。

总结的特点

1. 自我性。
2. 回顾性。
3. 客观性。
4. 经验性。

二、总结的种类

总结按内容分，有学习总结、工作总结、思想总结等；按时间分，有年度总结、季度总结、月份总结等；按范围分，有班级总结、单位总结、行业总结和地区总结等；按功用分，有侧重反映情况的总结和侧重推广经验的总结。

三、总结的写作方法

总结一般由标题、正文和落款三部分组成。

1．标题

总结的标题大体上有三类构成形式。第一类是公文式标题，由单位名称、期限、内容和文种名组成，如“×技师学院 2021 年度工作总结”“×卫生局 2021 年党建工作总结”，有的可以只写“工作总结”等。第二类是概括式标题，直接写明总结的中心内容，写法比较灵活，如“推动人才交流，培植人才资源”等。第三类是新闻式标题，先用一个生动形象的正标题，然后加副标题点明内容，如“增强体质，全面贯彻执行教育方针—— 开展多种形式的体育活动”。

2. 正文

总结的正文结构由前言、主体和结尾组成。

(1) **前言** 即正文的开头，一般简明扼要地概述学习、工作或生活的基本情况，交代背景，点明主旨或说明成绩，给人以总体印象，为主体内容的展开做必要的铺垫。例如："×市×技师学院第九届技能大赛于×年6月5日至19日举办，历时15天，本届技能大赛在全校师生的共同努力下取得了圆满成功，主要表现在以下几个方面。"

(2) **主体** 这是总结的核心部分。这一部分要求在全面回顾工作情况的基础上，具体介绍做法和体会，深刻、透彻地分析取得成绩和经验的原因、条件、做法，以及存在的问题和教训等。通过对事实材料的分析，揭示工作中带有规律性的东西。可列成条目写，也可分成若干小标题逐个阐述。

(3) **结尾** 概述全文，或指出存在的问题，或说明好经验带来的效果，或提出今后的努力方向或改进意见。例如："以上就是本学期团支部所做工作，我们知道在开展工作时还存在很多的不足，在未来的道路上，我们将继续努力，保持和发扬我们的创新精神，全支部共同努力，共同进步，为了美好的明天，继续前进！"

3. 落款

包括署名和时间两项内容。如果标题中已有署名，这里可不再重复写。如果是单位总结，一般要加盖公章。

四、总结常用的几种结构方式

1. 五段式

按"情况—成绩—经验—问题—意见"的顺序安排结构，适用于大型的综合性总结。

2. 阶段式

把工作或经历的整个过程分成几个阶段，分别说明每个阶段的成绩、经验和教训，适用于周期较长、阶段性明显的工作总结。

3. 条文式

将总结的内容按性质和主次轻重逐条排列成几个部分，分别用一、二、三等序号标出，适用于专题性的经验总结。

4. 标题式

按材料之间的逻辑关系，把正文分成若干段落，分别用小标题概括出每部分的内容，适用于经验性的总结或内容较多的综合性总结。

细节透视

总结的作用

1. 认识客观事物的重要手段。
2. 交流经验的便捷方法。
3. 培养、提高工作能力的重要途径。
4. 进行决策的重要依据。

例文一

×年度工作总结

在各级领导的支持和培养下，经过一年的努力工作，我在思想和工作上都有了很大的进步。现针对一年来的工作情况，将自己的思想、工作总结如下：

一、努力提高思想素质

随着时代的发展变化，人们的思想也在不断地变化，为了更好地适应工作需要，提高思想素质是必要的。首先，我认真学习毛泽东思想、邓小平理论、“三个代表”重要思想、科学发展观、习近平新时代中国特色社会主义思想，努力提高自己的理论水平，用正确的理论指导自己的工作实践；其次，厘清工作的思路、方向、目标和任务，确保在思想上、行动上和党组织保持高度一致。通过一年的努力，我的思想素质得到了一定的提高。

二、端正作风，踏实工作

勤奋、务实、高效是我的工作作风。在工作中，勤恳敬业，踏实地履行好自己的职责，注重工作意识的强化，注意加快工作节奏，提高工作效率，并勇敢面对工作中的困难，认真完成领导交代的工作，工作成绩显著。

三、存在问题

通过一年来的工作，我清醒地意识到自己还存在许多不足，主要表现在以下几个方面：

1. 工作经验不足，还不能完全适应工作需要。

2. 在专业知识方面还有欠缺，以至于有时会在工作中遇到一些困难。

3. 工作方法不够灵活，应该开阔视野，创新思路。

最后，我坚信只要有决心、有信心，就一定能够做好自己的工作。我将加倍努力，争取在下一年取得更大的进步。

×××

×年×月×日

例文二

××市第六届消夏群众文化艺术节总结

××市第六届消夏群众文化艺术节于×年6月25日至8月3日举办，历时40天。本届消夏群众文化艺术节在全体人员的共同努力下取得了圆满成功，主要表现在以下几个方面：

一、内容丰富

一是组织群众性文化活动。以庆祝建党×周年为主题，广泛开展了群众性文化庆祝活动。整个艺术节共举办主题演出20余场次，参与活动单位25个，参与演职人员2000余人。其中，7月15日举办的“千人红歌会”，将群众庆祝活动推向高潮。

二是组织红色电影展播活动。组织了全市10支电影放映团队奔赴各社区进行展映，并在××公园设立了露天电影文化广场。自艺术节开幕以来每天放映一部红色影片和一部优秀的现代电影，深受广大人民群众的喜爱。在整个艺术节期间共放映红色电影200余场次，观看群众达10万人次。

三是组织送文化进军营活动。在本次艺术节期间，迎来了建军×周年，市图书馆在部队设立了图书分馆，开展送图书阅览活动，满足了部队战士们对文化知识的渴求。同时，还组织书法艺术家送文化艺术进军营的活动，积极开展军地文化交流和联欢活动。

二、参与面广

经初步统计，参与本次艺术节的社会各界群众达17万人，是历届艺术节中人数最多的。而且各项活动无论从场次的数量、节目的质量还是演职队伍，都大大超过了以往的任何一届。

三、宣传力度大

为了做好本届艺术节的宣传工作，我市还专门成立了宣传报道班子。××省电视台、××市电视台、××市人民广播电台、××报社等媒体都对这次活动给予了关注和支持，使本届艺术节的社会影响力得到了扩大。

本次文化艺术节虽然取得了成功，但我们也清醒地看到了两个方面的不足：一是在卫生监管力度上还是不尽如人意；二是在演出的设施方面还有不足。这些方面将在以后的艺术节中注意改善。

××市文化局

×年×月×日

例文三

××班2018年工作总结

一年来，在辅导员的监督指导下，在校团委的引导下，在班委会的共同努力下，我们班积极开展班级建设，根据同学的特点和实际需求，开展了丰富多彩的活动，同时狠抓学习不放松。其间，有一定的成果，但是同时也存在许多不足，现将一年的工作总结如下：

一、加强同学之间的友谊和班级凝聚力，组织各种健康向上的活动

1. 在校团委要求下，配合本班团支部，20名同学积极参加了学校各项活动，为学校工作取得圆满成功作出贡献。

2. 举办了“学习雷锋好榜样”“珍惜生命，阳光生活拒绝毒品”等一系列主题班会，同学们积极参与，懂得了助人为乐、安全、生命的重要性，丰富了知识。

3. 4月上旬，由班主任带领，组织委员和生活委员组织了大型班级活动——春游。此次活动不仅给同学们带来许多乐趣和回忆，同时也进一步增强了班级凝聚力。

二、积极开展班级建设，注重班级思想作风建设和班委建设

1. 注意同学们的思想动态。主要由心理委员负责关心同学的心情及状态的好坏，并按照系部的要求在班上选出了4名治保人员，认真了解同学们的去向及思想动态，及时向系部老师汇报，确保同学的安全。

2. 设立意见簿，收集同学们对团支部、班委会工作的意见和建议，建立了班级公告栏和班级QQ群，便于及时传达各种信息。

3. 与兄弟班级负责人沟通，定期交流工作、学习经验，取长补短，促进团支部班委会更好发展。

三、狠抓学习，加强学习活动的开展，促进学生成绩的巩固和提高

1. 学习是学生的第一任务，学习部时常提醒同学们勿荒学业，动员同学们发扬比、学、赶、帮、超的精神，刻苦学习，营造良好的班级学习氛围。

2. 成立学英语等兴趣小组，同学们参加兴趣小组的热情较高，为迎接期末考试做了充分的准备。

3. 期末考试前，全班开展以“互帮互助，共同奋进”为主题的一帮一活动，制订了活动方案和奖励办法。

四、关注全班同学的日常生活

1. 团支部时刻关心同学们的生活状况，班里同学生病住院后及时带领班委和同学代表前往医院探望；在每位同学生日时班委会送上一份小礼物，让同学们感受到了班集体的温暖。

2. 宿管委员定时查寝，并定时将各寝室长召集开会，总结各寝室内务等情况，听取寝室长的意见和建议。

3. 生活委员购买了羽毛球、乒乓球等体育器材，用于同学们日常体育锻炼，丰富了同学们的课余生活；购买了音响，方便了团组织生活和主题班会的开展。

4. 合理安排班费使用，安排两位生活委员一人管钱，一人记账，并在每月月末将本月班费使用明细张贴于班级公告。

××班
2018 年 12 月 30 日

总结的写作注意事项

1. 深入实际，占有材料。
2. 实事求是，一分为二。
3. 主次分明，抓住重点。
4. 条理清楚，用词准确。

相关知识链接

总结和计划的关系

总结和计划都是做好工作的重要环节，是同一工作的两个方面，它们都以实践为基础，以指导实践为最终目的，因此两者有不可分割的联系。一方面，计划与总结是互相制约、互相依赖的关系。一般说来，下一阶段的工作计划要根据上一阶段的工作总结来制订，没有全面系统深刻的总结，不可能制订出符合实际、切实可行的计划；而总结以前一阶段的计划为依据，是对前一阶段计划完成情况的检查。另一方面，计划与总结是相互促进、不断提高的关系。计划→实践→总结→再计划→再实践→再总结，周而复始，循环往复，但这种循环不是简单的重复，而是不断提高不断发展的。

但两者毕竟是不同的：

1. 从时间上看，计划是对未来行动的安排，在工作之前制订；总结是对过去所做工作的认识、评价，是须在工作进行到一定阶段或完成之后才能进行的。

2. 从内容侧重点看，计划要回答的是“做什么”“怎么做”“何时完成”；总结要回答的是“做了什么”“怎么做的”“做得怎样”。

3. 从表达方式看，计划是工作前的打算、部署，重在叙述说明，总结是工作后的认识、评价，重在理论概括，它以叙述和议论为主要表达方式，叙议结合是它表达上的重要特点。

思考与练习

一、简答题

1. 什么是总结？总结的种类有哪些？

2. 总结的常见结构方式有哪些？写总结时应注意哪些事项？

二、改错题

下面一则总结在格式、内容方面存在许多不当的地方，请指出并加以改正。

2020 学年个人总结

烈日炎炎，天上没有一丝云彩，红彤彤的太阳叫人不敢出门，天空中没有一丝风。又一学年过去了，为了更好地迎接新学期的到来，我利用暑假对过去一学年的学习情况做一些总结。

在这一学年里，我学习了文秘学、中国文学、应用文写作、文书档案管理、公共关系学、行政管理学、计算机应用、体育、职业道德等课。其中文秘学 85 分，中国文学 65 分，应用文写作 85 分，文书档案管理 76 分，公共关系学 88 分，行政管理学 70 分，计算机应用 90 分，体育 95 分，职业道德 90 分。总的来说，成绩还是可以过得去的，在班上属中上等水平。其中计算机应用、体育和职业道德的成绩较好，而中国文学、文书档案管理和行政管理学成绩稍差。下一学期，我要继续努力，争取取得更好的成绩，这样就可以获得奖学金，减轻家庭的经济负担，更可以在择业时增加自己的实力。

文秘（3）班王××

三、写作题

1. 请你代学生会主席写一份开学以来本系的工作总结。

2. 根据下列内容，为××省文化旅游局拟写 2020 年的工作总结。

1）全省风景名胜区有 28 处，国家级景区 3 处，省级景区 10 处，市级景区 15 处，总面积 7260 平方千米，占全省面积的 7%左右，省级以上景区门票总收入 5000 万元左右。

2）××山、××风景名胜区于今年3月晋升为国家级景区；××景区已通过省政府常务会讨论，晋升为省级风景名胜区。

3）5 月份制订并下发风景名胜区行业创建“三优”活动方案，10 月初开始，对全省28处风景名胜区开展“创三优”活动检查评比。

4）个别风景区出现取消门票的现象，××景区仍存在个人侵占风景区、擅自开发建设的问题，各级文化和旅游局宣传力度不足、开发力度不够等问题亟待解决。

第四节　通　知

学习重点

★　了解通知的概念及种类。

★　能按通知的基本格式进行写作。

写作指导

一、通知的概念

通知是上级对下级、组织对成员在公务活动中要求知晓、办理、执行或服从的一种事务性文书。通知也是一种公文，适用于批转下级机关的公文，转发上级机关和不相隶属机关之间的公文，传达要求下级机关办理和需要有关单位周知或执行的事项，如任免人员等。通知一般以书面形式发出，有时也直接在公告栏写出或张贴。

通知的特点

1. 功能的多样性。
2. 运用的广泛性。
3. 一定的指导性。
4. 较强的时效性。
5. 事件的专一性。

二、通知的种类

根据适用范围的不同，可以分为六大类。

(1) **发布性通知**　用于发布行政规章制度及党内规章制度。

(2) **批转性通知**　用于上级机关批转下级机关的公文给所属人员，让他们周知或执行。

（3）**转发性通知** 用于转发上级机关和不相隶属的机关的公文给所属人员，让他们周知或执行。

（4）**指示性通知** 用于上级机关指示下级机关如何开展工作。

（5）**任免性通知** 用于待聘用和待任免的人员。

（6）**事务性通知** 用于处理日常工作中带事务性的事情，常把有关信息或要求用通知的形式传达给有关机构或人员。

三、通知的写作方法

通知通常由标题、主送机关、正文和落款四部分组成。

1. 标题

通知的标题一般采用公文标题的常规写法，由发文机关名称、事由和文种组成，如“×学校关于严禁学生进入网吧等娱乐场所的通知”。也可以省略发文机关，由事由和文种组成标题，如“关于印发《中学生行为规范》的通知”。

发布规章的通知，所发布的规章名称要出现在标题的主要内容部分，并使用书名号。

批转和转发文件的公文，所转发的文件内容要出现在标题中，但不一定使用书名号，如“国务院办公厅转发教育部等部门关于进一步加快高等学校改革意见的通知”。

一般性的通知直接标出文种“通知”即可，有的则要根据具体情况写明“紧急通知”“重要通知”“补充通知”“联合通知”等。

2. 主送机关

在第二行顶格写主送机关（收文单位的名称）或被通知者的姓名，并加冒号。通知的发文对象比较广泛，因此主送机关可能较多，要注意主送机关排列的规范性。由于级别、名称不同，主送机关的称法和排列非常复杂，需经过深思熟虑后确定。

3. 正文

包括通知缘由、通知事项和执行要求三部分。

（1）**通知缘由** 发布指示、安排工作的通知，主要表述有关背景、根据、目的和意义等。

晓谕性的通知，也可参照上述写法。可采用“根据”与“目的”相结合的开头方式，或是以“为了”领起的“目的式”开头方式。

批转、转发文件的通知，根据情况可以在开头表述通知缘由，但多数以直接表达转发对象和转发决定为开头，无须说明缘由。

发布规章的通知，多数情况下篇段合一，无明显的开头部分，一般也不交代缘由。

（2）**通知事项** 通知的主体部分，所发布的指示，安排的工作，提出的方法、措施和步骤等，都在这一部分中有条理地组织表达。内容复杂的需要分条列款。

（3）**执行要求** 发布指示、安排工作的通知，可以在结尾处提出贯彻执行的有关要求。如无必要，可以没有这一部分。

如果有附件，隔一行将所附文件的名称列于正文之下，并将附件原文附在通知后。

4．落款

正文右下方落款。一行署发文单位名称，另起一行写发文日期。发文单位要写全称或规范性简称。若联合发文，主办单位排列在前。发文时间一般要用汉字数字完整书写年、月、日。通知必须加盖公章，加盖公章要“骑年盖月”，上不压正文。

细节透视

通知的作用

1．传达作用。
2．承转作用。
3．指令作用。
4．决定性作用。
5．周知作用。
6．凭证作用。

例文一

关于2018年端午节放假的通知

各处室、系部：

根据上级有关端午节放假通知的文件精神，经学院研究决定，现将2018年端午节放假时间具体安排通知如下：

6月16日（星期六）至6月18日（星期一），共放假3天。

学生离校时间为6月15日15：30，返校时间为6月18日17时，6月19日（星期二）正常上课。

要求：

1．各部门负责人在放假期间要保持手机畅通，离开本市要与主管领导请假。第二届技能文化节活动要按照工作日程和要求及时推进，承担第二届技能文化节活动相关工作的各部门负责人和相关人员在放假期间要坚守岗位，随时向主管领导汇报工作进展情况，确保工作按时推进和完成。

2．各部门要开展好节前安全自查工作，排除各类安全隐患。要落实好各项安全防范措施，做好关水断电，防止发生财物被盗和火灾事件。要进一步落实放假期间学生公寓、食堂、实训基地、各教学楼等场所安全监管工作，对排查出的隐患要立即整改，切实保障校园安全，努力过一个无隐患的节日。

3．各部门落实好各项安全工作制度。节日期间，严格执行假期值班制度，落实带班领导和值班人员，学院各处室、系部主要领导和值班人员要确保通信畅通。

4．各部门要在6月15日前将本部门放假值班安排情况分别上报学院办公室（邮箱：xy234@163.com）和学院安委会综治办（邮箱：anwei@163.com）。

××技师学院

×年×月×日

例文二

省政府办公厅转发省教育厅省人力资源和社会保障厅

关于进一步加强职业教育统筹管理意见的通知

各市人民政府，省各委、办、厅、局，省各直属单位：

省教育厅、省人力资源和社会保障厅《关于进一步加强职业教育统筹管理的意见》已经省人民政府同意，现转发给你们，请认真贯彻执行。

附件：《关于进一步加强职业教育统筹管理的意见》

×省政府办公厅

×年×月×日

例文三

关于校学生艺术团舞蹈队集训的紧急通知

校学生艺术团舞蹈队全体队员：

为了迎接我校第四届校园文化艺术节，经学生艺术团研究决定，舞蹈队从即日起进行集中训练。

时间：每周一、五、六晚上 7:00～9:00。

地点：校大礼堂。

要求：全体队员要准时参加，如果有特殊情况不能到场需请假。

希望大家齐心协力，练出水平，为文化艺术节做出贡献。

校学生艺术团

×年×月×日

例文四

×省教育厅办公室关于召开×年财务决算汇总会议的通知

省属各高校、中专校，厅直属事业单位：

经研究，定于×年×月×日在×市召开×年度财务决算汇总会议，现将有关事项通知如下：

一、会议时间：×月×日下午报到，审核汇总报表。

二、会议地点：×省×市京华大酒店（南京路 53 号）。

三、出席对象：省属各高校、中专校，厅直属事业单位代表……

四、会议内容：1. 审核汇总×年事业及基本建设财务决算报表……

请各单位认真做好决算汇总前的各项准备工作，确保按时保质保量完成汇总。

附件：关于×年决算报表填报的补充说明

×省教育厅办公室
×年×月×日

例文五

×省人民政府关于任××等的任免通知

×政任〔2011〕1617 号

任命：

任××为省农村信用社联合社主任

张××为省农业农村厅副厅长（试用期一年）

孙××为广播电视大学副校长

李××为××师范专科学校校长

免去：

秦××省民政厅助理巡视员职务，退休

×省人民政府
×年×月×日

通知写作的注意事项

1. 标题要准确简要概括行文内容，准确表达作者所要表达的行文意图，不能产生歧义。

2. 通知的缘由要简洁，侧重交代行文的依据、目的、意义，与此无关的不写。

3. 不能缺少“做什么”。“做什么”是任何通知的必备要素，其他要素可以缺少，而“做什么”是不可或缺的。

4. 通知中不能到处提要求。一份通知所提出的要求，最好集中在一部分里，这部分内容一般置于通知正文的最后。

相关知识链接

通知与通告的区别

1. 概念不同

通知是向特定受文对象告知或转达有关事项或文件，让对象知道或执行的公文。

通告是适用于在一定范围内公布应当遵守或者周知事项的周知性公文。

2. 所告知的对象不同

通知一般只通过某种公文交流渠道，传达至有关部门、单位或人员，它所告知的对象是有限的。

通告所告知的对象是全部组织和群众，它所宣布的规定条文具有政策性、法规性和某种权威性，要求人们遵照执行，一般都要张贴或通过广播电台、电视台等新闻媒体大力宣传。

3. 目的不同

通知主要是通过具体事项的安排，要求下级机关在工作中照此执行或办理。

通告公布在一定范围内必须遵守的事项，有着较强的、直接的和具体的约束力。

4. 适用范围不同

通知适用于发布、传达要求下级机关执行和有关单位周知或者执行的事项，批转、转发公文。

通告适用于在一定范围内公布应当遵守或者周知的事项。

5. 收文机关不同

通知一般具有明确的受文对象，主要针对的是主送机关发文，有明确的主送机关。

通告一般没有明确的受文对象，一般没有明确的主送机关，都是泛指的，大多数都是直接行文或直达行文。

6. 命令性程度不同

通知的作用主要在于要求下级机关执行和有关单位周知或者执行的事项，这就说明通知具有很强的命令性和约束性，下级机关和有关单位必须履行上级机关所要求的事项。

通告的作用主要在于要求下级或相关单位应当遵守或者周知，虽然通告也具约束性，但通告并没有通知那么强的命令性。

思考与练习

一、简答题

1. 什么是通知？通知的种类有哪些？

2. 通知有哪些用途？其写法的要求有哪些？

二、写作题

1. 根据以下内容，替××技校学生会拟写一则通知。

××技校学生会准备通知各班文艺委员明天下午六点半到学校会议室开会，研究学校第十届“校园歌手大奖赛”文艺会演有关事宜，并要求各班文艺委员带上本班节目的名称和演出人员名单。

2. 请根据以下内容，替该校团委拟写一则通知。

×年4月7日下午，某中学团委会在该校第二会议室召集各年级团支部书记和委员开会。会议结束时，主持人说：“后天下午四点半支部书记还到这儿来开会。今天有两个年级同学外出参观，人未到齐，请互相转告一下。明天我们再出一个正式通知，到时候都要来，别迟到了。散会!”

第五节　请　示

学习重点

★　了解请示的概念及种类。

★　掌握请示的写作要领，能按请示的基本格式进行写作。

写作指导

一、请示的概念

请示是下级机关向上级机关请求决断、指示、批示或批准事项所使用的呈批性公文。请示属于上行公文，其应用范围也比较广泛。

请示的特点

1. 陈请性。
2. 求复性。
3. 超前性。
4. 单一性。

二、请示的种类

根据内容、性质的不同，请示可分为请求指示性请示、请求批准性请示和请求批转性请示。

1．请求指示性请示

此类请示一般是政策性请示，是下级机关需要上级机关对原有政策规定作出明确解释，对变通处理的问题作出审查认定，对如何处理突发事件或新情况、新问题作出明确指示等请示。

2．请求批准性请示

此类请示是下级机关针对某些具体事宜向上级机关请求批准的请示，主要目的是解决某些实际困难和具体问题。

3．请求批转性请示

下级机关就某一涉及面广的事项提出处理意见和办法，需各有关方面协同办理，但按规定又不能指令平级机关或不相隶属部门办理，需上级机关审定后批转执行，因此而写的请示就属此类。

三、请示的写作方法

1．标题

一般由发文机关、请示事项和文种名三个要素组成。发文机关有时可以省略。如果是联合发文，则应将发文机关全部写出。请示事项中一般只能含有一个动词。

2．主送机关

即负责受理和答复该文件的上级机关。请示只向特定的上级机关呈送，一般不直接送交个人。如果本机关受双重领导，那么主送的只能是其中一个主管机关，另一个以抄报形式呈送，由主送机关答复。

3．正文

（1）**请示缘由**　开头要写明原因和依据，解决“为什么请示”的问题。请示的理由要充分，根据要真实可靠，具有说服力。

（2）**请示事项和意见**　解决“请示什么”的问题。一方面，对需要上级审批的问题，要做出具体明确的说明；另一方面，还要提出切实可行的建议和意见，方便上级决策。意见要写得有理有据，必要时可引证有关的现行政策、规定条文。如果存在意见分歧，要分别陈述不同意见的内容，并加以分析比较，还可提出倾向性的意见，供上级权衡、批复。

（3）**请示结束语**　请示在结尾一般另起一段，提出明确请求。请求常使用一些惯用语，如“以上意见妥否，请指示”之类结束全文。请求语要写得谦和得体，不宜用“请尽快解决”等带有催促性甚至要挟性的语言。

请示问题时，有时需要随同附带有关材料、图表或其他文件，即为附件。附件的处理方式是：在正文之后隔一行，按顺序注明附件的名称，并将附件原件装订于请示之后。

4．落款

落款包括署名和成文时间。标题写明发文机关的，这里可不再署名，但仍需加盖公章。成文时间应具体到年、月、日，使用汉字数字书写，不能部分省略。

如果需抄报有关部门，则在成文日期下面，顶格写抄报单位。

细节透视

请示的作用

请示的作用在于请示工作要求上级批复。请示产生于事前，不可“先斩后奏”，这是请示区别于报告的主要特征之一。

例文一

关于建立中国工程院有关问题的请示

国务院：

近年来，我国科学家、工程技术专家和有关人士，曾多次提出建立中国工程院问题。全国政协七届五次会议和中国科学院第六次学部委员大会期间，不少政协委员、学部委员和工程技术专家又先后提出提案和建议。党中央和国务院领导同志十分重视这一建议，曾就建立中国工程院问题多次作过批示。根据党中央和国务院领导同志的批示精神，组成了专家研究小组，经过广泛调查研究，听取各方面人士和有关产业部门的意见，进行反复酝酿和讨论，形成工程院的初步方案。现就建立中国工程院的有关问题报告如下：

一、关于建立中国工程院的必要性（略）

二、关于组建中国工程院的一些原则

（一）关于名称（略）

（二）关于中国工程院的性质和作用（略）

（三）关于中国工程院成员的称谓（略）

（四）关于中国工程院与中国科学院（学部）的关系（略）

（五）关于中国工程院院士的标准和条件（略）

（六）关于中国工程院第一批院士的产生及以后的增选制度（略）

（七）关于中国工程院的领导体制及学部设置（略）

三、关于中国工程院的筹建工作及进度安排（略）

以上请示妥否，请批示。

附件：中国工程院筹备领导小组名单。

国家科学技术委员会（盖章）
中国科学院（盖章）
×年×月×日

例文二

关于×年在全国范围内开展国有资产产权登记工作的请示

国务院：

根据《国务院关于加强国有资产管理工作的通知》（国发〔1990〕38号）中有关对国有资产进行产权登记（以下简称产权登记）的精神，我们于×年×月发布了《国有资产产权登记管理办法（试行）》，要求各地、各部门结合实际情况组织试点。目前已有18个省、自治区、直辖市和部分国家机关开展了产权登记工作。从试点情况看，开展产权登记，对加强国有资产管理、防止国有资产流失、推动企业所有权和经营权适当分离的改革等，都起到了积极作用。鉴于以上情况，我们建议，×年可在全国范围内开展产权登记工作。为此，提出以下意见：

一、提高认识，加强领导。进行产权登记，是保护国有资产的重要措施，是实施国有资产所有权管理的一项基础工作。国有资产管理部门代表国家依法对全民所有的资产进行登记，是依法确认企业和单位占有、使用国有资产的法律行为。开展产权登记工作，对加强企业和单位的产权管理、深化经济体制改革将起到积极的作用。

二、产权登记的目的。这次产权登记，重点是解决企业、单位普遍存在的产权归属不清、定性不准、账实不符和国有资产流失等问题。

三、产权登记的范围。凡占用国有资产的企业和实行企业化管理的事业单位，都必须办理产权登记。产权登记分为开办产权登记、变动产权登记、注销产权登记。

四、目前，国有资产局正会同有关部门制定《国有资产产权登记管理试行办法》。进行产权登记时，要严格按照国家统一规定执行，执行中的有关问题，由国有资产局负责制定具体办法。

以上请示如无不妥，请批转各地区、各部门执行。

国家国有资产管理局
财政部
国家工商行政管理局
×年×月×日

想一想

请示写作的注意事项

1. 要遵守“一文一事”的原则，主旨鲜明集中。
2. 要做到材料真实。
3. 要理由充分，请示事项要明确、具体。

相关知识链接

请示与报告的区别

请示和报告都是上行公文，常常被混淆使用，但实际上是有明显区别的两类文种。

一是行文目的、用途不同。这是两类文种最基本的区别。请示旨在请求上级批准、指示，需要上级审批，重在呈请；报告是向上级汇报工作、反映情况、提出意见或建议和答复上级询问，一般不需上级答复，重在呈报。

二是呈报时间不同。请示需要事前行文，不能“先斩后奏”；报告一般在事后或者工作进行过程中行文。这正如平常工作中所说的“事前要请示，事后要报告”。

三是主送机关不同。请示一般只主送一个直接上级机关，不宜多头、多级主送，以免因责任不明或者互相推诿影响到办文效率和质量。即使是受双重领导的机关、单位进行上报请示，也应根据内容分别写明主送、抄送机关，以根据主次分清承办责任，由主送机关负责答复请示的问题。而报告有时可多级、多头主送，如情况紧急需要上级领导机关尽快知道的灾情、疫情等。

四是受文机关处理方式不同。请示均属承办件，受文机关必须及时处理，明确作答，限期批复；报告多属阅知件，除需批转的建议报告外，受文机关对其他报告都可不作答复。如果把请示误写为报告，就可能因不同处理方式而误时误事。

五是涉及内容不同。请示用于向上级机关请求批准、指示，凡是下级机关、单位无权处理、无力解决以及按规定应经上级机关批准认定的问题，均可写为请示。由此可将请示分为请求指示的请示、请求批准的请示和请求批转的请示三类。其中第一类多涉及法规政策上、认识上的问题，第二类多涉及人事、财务、机构等方面的具体事项。而报告按其内容可分为向上级汇报工作的工作报告，反映情况的情况报告，提出意见建议的建议报告，答复上级询问的答复报告，报送文件、材料或物品的报送报告。

六是写作重点不同。请示和报告虽然都要陈述、汇报情况，但报告的重点就在汇报工作情况，其中不能夹带请示事项。而请示中陈述情况只是作为请示原因，即使反映情况所占篇幅再大，其重点也仍在请示事项。

七是文面结构形式不同。请示多采用篇段合一式、三段式或总分条文式结构，篇幅一般较短。报告常用总分条文式、分部式或贯通式（多段式）结构，篇幅一般较长。

正因为有上述区别，绝不能把请示误用为报告，也不能写为请示报告。

思考与练习

一、简答题

1. 什么是请示？请示的种类有哪些？
2. 请示写作的注意事项有哪些？

二、写作题

×技师学院要筹建电子阅览室，自筹资金50万元，拟向×××省人力资源和社会保障厅请求拨款40万元人民币。请你代写一篇请示。

第四章　经济文书

经济文书就是涉及经济内容的应用文章。常见的经济文书有经济合同和经济合同协议书。

第一节　合　　同

学习重点

★　了解合同的概念、特点及常用的结构方式。

★　掌握合同的要领，能按合同的基本格式进行写作。

写作指导

一、合同的概念

合同是平等主体的自然人、法人、其他组织之间设立、变更、终止民事权利义务关系的协议。

广义合同指所有法律部门中确定权利、义务关系的协议，如民法上的民事合同、行政法上的行政合同、劳动法上的劳动合同、国际法上的国际合同等。

狭义合同指一切民事合同。它包括财产合同和身份合同。财产合同又包括债权合同、物权合同、准物权合同；身份合同又包括婚姻、收养、监护等有关身份关系的协议。

最狭义合同仅指民事合同中的债权合同。

小资料

合同的特点

1. 合法性。
2. 约束性。
3. 平等性。
4. 规范性。

二、合同的种类

合同的种类较多，从不同的角度用不同的标准，可以分为若干类别。

(1) **按形式分**　可分为条款式合同、表格式合同和条款表格式合同。

(2) **按期限分**　可分为长期合同、中期合同和短期合同。

(3) **按内容分**　可分为买卖合同、赠予合同、租赁合同、承揽合同、借款合同、建设工程合同、运输合同、技术合同、保管合同、仓储合同和委托合同等。

(4) **按性质分**　可分为转移财产的合同、完成工作的合同和提供劳务的合同。

(5) **按合同是否立即交付分**　可分为诺成合同和实践合同。

(6) **按合同相互间的主从关系分**　可分主合同与从合同。

三、合同的写作方法

1. 合同的结构

(1) **条款式合同**　是用文字说明的方式，把当事人双方协商一致的内容，逐条表述清楚。非常规性的业务活动大都采用这种形式订立合同。

(2) **表格式合同**　是把合同必不可少的有关内容设计、印制成一种表格，当事人签订合同时，只需把达成协议的各项内容填写到表格之中即可。常规性的业务活动一般均采用这种形式订立合同。

(3) **条款表格式合同**　是指既有文字说明，又有表格的合同形式。是签订合同的双方或多方，把协商一致的内容用条款和表格两种方式写入合同中，把标的、数量、金额等内容以表格形式列出，其余内容如双方的责任、注意事项等用条款形式记载。这种格式使用频率较高，既醒目方便又灵活自由。

2. 合同的内容

合同的内容一般包括三个方面：一是合同书应该具备的条款，二是某种合同中所特有的必备条款，三是其他条款。合同书应具备的条款包括：质量、标的、数量、合同当事人名称、价款或报酬、解决争议的方法、违约责任、履行期限、地点和方式。

3. 合同的格式

一般包括首部、主部和尾部三部分。

(1) **首部**

1）标题。通常包括合同性质和文种，如“借款合同”“仓储合同”；或者包括合同标的、合同性质和文种，如“松下电视机买卖合同”“汽车租赁合同”。标题写在合同文本首页上方居中的位置。

2）合同当事人名称或者姓名。订立合同的双方写明单位名称、代表人姓名和住所（《中华人民共和国民法典》将此项内容划入主要条款之列）。

为了行文方便，规定一方为“甲方”或者“需方”，则另一方为“乙方”或者“供方”。如果有第三方，可简称为“丙方”。在贸易合同中，有的称一方是“卖方”，另一方是“买方”，也有称双方为“发包方”“承包方”或“出租方”“承租方”等。

(2) **主部**　用条款或者表格写出双方的合同内容。条款式合同必须写明双方所议定的事项，写明甲乙双方的合同内容，如甲乙双方所承担的义务、权利、程度和时间等。表格式合同要按照表中所列项目协商填写。

1）写出签订合同的依据或者目的，表明签订合同的态度。在一般情况下，合同都可以采用这种开头方式，如“根据中华人民共和国民法典的有关规定，转让方与受让方根据技术转让合同的要求，本着互利原则，经双方协商一致，签订本合同。”又如，“经双方协商签订本合同，共同遵守下列条款”。还可以采用与此类似的写法：“为了……目的，根据……的规定，经双方充分协商，特订立本合同，以便共同遵守。”

2）另起一行分条写合同的法定条款（标的、数量、质量、价款或酬金、履行期限、地点和方式、违约责任和解决争议的方法）和约定条款。

3）一般最后的一两条写订立合同的有关事项说明。

（3）**尾部** 即合同的结尾和落款部分，主要包括：

1）合同的有效期限和文本保存。有效期限是指合同执行生效、终止的时间，是合同当事人要求必须具备的条款。文本保存是注明合同文本的保管方式，即合同一式几份，当事人保管的份数。

2）落款。这部分是合同特定的内容和格式，即在合同的有效期限和保管条款下方，依次写上当事人的名称（并签章）、法定通信地址、法人代表、银行账号、签约日期及地点等。有些合同有特殊要求，或有附件，也要在尾部注出。通常是在合同正文“其他条款”之后注明：“合同附件、附表均为本合同的组成部分，且有同等的法律效力。”如工程承包合同要在“附件”中列出工程项目表、工程进度表、工程图样等。这些附件、附表均标写在合同落款的最下方，即“年、月、日”以后的部位。

细节透视

合同的写作要求

1. 合法。
2. 合理。
3. 合格。
4. 完善、明确。

例文一

产品购销合同

订立合同双方：

供方：____________

需方：____________

供需双方本着平等互利、协商一致的原则，签订本合同，以资双方信守执行。

第一条 商品名称______、种类______、规格______、单位______、数量______（多种商品可附表）。

第二条 商品质量标准

商品质量标准可选择下列第___项作为标准：

1. 附商品样本，作为合同附件。
2. 商品质量，按照______标准执行（副品不得超过___%）。
3. 商品质量由双方议定。

第三条 商品单价及合同总金额

1. 商品定价，供需双方同意按______定价执行。如因原料、材料、生产条件发生变化，需变动价格时，应经供需双方协商。否则，造成损失由违约方承担经济责任。

2. 单价和合同总金额：__________。

第四条 包装方式及包装品处理__________。

（按照各种商品的不同，规定相应包装方式、包装材料及规格。）

第五条 交货方式

1. 交货时间：__________。

2. 交货地点：__________。

3. 运输方式：__________。

第六条 验收方法__________。

（按照交货地点与时间，根据不同商品种类，规定验收的处理方法。）

第七条 预付货款

（根据不同商品，决定是否预付货款及金额。）

第八条 付款日期及结算方式__________。

第九条 运输及保险__________。

第十条 运输费用负担__________。

第十一条 违约责任

1. 需方延付货款或付款后供方无货，使对方造成损失，应偿付对方此批货款总价___%的违约金。

2. 供方如提前或延期交货或交货不足数量者，供方应偿付需方此批货款总值___%的违约金。需方如不按交货期限收货或拒收合格商品，亦应按偿付供方此批货款总值___%的违约金。任意一方如提出增减合同数量，变动交货时间，应提前通知对方，征得同意，否则应承担经济责任。

3. 供方所发货品有不合规格、质量或霉烂等情况，需方有权拒绝付款（如已付款，应订明退款退货办法），但须先行办理收货手续，并代为保管和立即通知供方，因此所发生的一切费用损失，由供方负责，如经供方要求代为处理，并须负责迅速处理，以免造成更大损失，其处理方法由双方协商决定。

4. 约定的违约金，视为违约的损失赔偿。双方没有约定违约金或者预先赔偿额的计算方法的，损失赔偿额应当相当于违约所造成的损失，包括合同履行后可以获得的利益，但不得超过违反合同一方订立合同时应当预见到的因违反合同可能造成的损失。

第十二条 当事人一方因不可抗力不能履行合同时，应当及时通知对方，并在合理期限内提供有关机构出具的证明，可以全部或部分免除该方当事人的责任。

第十三条 本合同在执行中发生纠纷，签订合同双方不能协商解决时，可向人民法院提出诉讼（或申请______仲裁机构仲裁的解决）。

第十四条 合同执行期间，如因故不能履行或需要修改，必须经双方同意，并互相换文或另订合同，方为有效。

需方：__________（盖章）　　供方：__________（盖章）

法定代表人：__________（盖章）　　法定代表人：__________（盖章）

______年___月___日

例文二

劳动合同书

甲方（用人单位）：

地址：

法定代表人（或负责人）：

乙方（劳动者）：

住址：

身份证号码：

甲乙双方在平等自愿的基础上，按照《中华人民共和国民法典》等法律规定，就甲方招用乙方一事，经协商一致达成本合同，供双方遵照执行：

第一条　劳动合同期限：

1. 本劳动合同为（选择其中一项并填写完整）_________。

A. 有固定期限劳动合同：____年__月__日至____年__月__日。

B. 无固定期限劳动合同：自____年__月__日起。

C. 以完成________工作为期限。

2. 本合同包含__个月的试用期（自____年__月__日至____年__月__日）。

第二条　工作地点：____省（自治区、直辖市）____市（县）____路____号____。

第三条　工作内容：

1. 乙方同意在甲方____部门（或岗位）担任____职务，乙方具体工作内容按照甲方的岗位职责要求执行。

2. 若因乙方不胜任该工作，甲方可调整乙方的岗位并按调整后的岗位确定乙方的薪资待遇；如乙方不同意调整，甲方可以提前30日通知乙方解除劳动合同，经济补偿金按照国家规定发放。

3. 在工作过程中，因乙方存在严重过失或者故意造成甲方损失的，甲方有权向乙方追偿。

第四条　工作时间和休息休假：

1. 工作时间：标准工时制，甲方保证乙方每天工作不超过 8 小时，每周工作不超过 40 小时。具体工作时间由甲方根据生产经营需要安排，乙方应当服从。

2. 休息休假：甲方按照国家的规定安排乙方休息休假。

第五条　劳动报酬：

1. 乙方月工资标准为人民币____元，其中试用期内工资为人民币____元（若实行计件工资的按照以下标准计算工资：_________）。

2. 因生产经营需要，甲方安排乙方延长工作时间或者在休息日、法定休假日工作的，甲方按国家规定的标准发放加班费。

3. 甲方保证按月发放工资，具体发放日期为_______。

第六条　社会保险：

1. 甲方按照国家的规定为乙方办理各项社会保险，缴纳社会保险费。

2. 依法应由乙方个人负担的社会保险费，甲方从乙方应得的工资中扣缴，乙方不得有异议。

第七条　劳动保护、劳动条件和职业危害防护：

甲方为乙方提供劳动所必需的工具和场所，以及其他劳动条件；保证工作场所符合国家规定的安全生产条件，并依法采取安全防范措施，以预防职业病。

第八条 甲方依法制定和完善各项规章制度，乙方应当严格遵守。

第九条 乙方应当保守工作期间知悉甲方的各种商业秘密、知识产权、公司机密等任何不宜对外公开的事项；否则，造成甲方损失的，应当承担赔偿责任。

第十条 乙方承诺在签订本协议时，未与其他任何单位保持劳动关系或者签订竞业限制协议；否则，给其他单位造成损失的，由乙方单独承担责任，与甲方无关。

第十一条 劳动合同解除或终止：

1. 若乙方需解除劳动合同书，应当提前30日以书面的形式通知甲方，书面通知以送达甲方________（具体部门、职务）为准。

2. 有关解除或终止劳动合同的事项，按照《中华人民共和国民法典》等法律、法规有关规定执行。

3. 在解除或者终止劳动合同时，乙方应当将正在负责的工作事项以及甲方交付乙方使用的财物与甲方指定的工作人员进行交接。因乙方原因未办理交接造成甲方损失的，由乙方赔偿。

4. 因解除或者终止劳动合同，乙方依法应获得经济补偿金，但乙方未与甲方办理工作交接前，甲方暂不支付经济补偿金。

第十二条 因履行本合同发生的争议，双方本着合理合法、互谅互让的原则协商处理；协商不成的，任何一方可依法向劳动争议仲裁委员会申请仲裁。

第十三条 本合同未约定的事项，按照法律、法规、行政规章以及地方性法规等规定执行。

第十四条 本合同自双方签字或盖章后生效，一式两份，双方各执一份，本合同的任何条款的变更，应当以书面形式经双方签字或者盖章确认。

甲方（盖章）：　　　　　　　　　　　　乙方（签字）：

签约代表（签字）：

合同中“甲方”和“乙方”的概念

在合同中，甲方、乙方代表的是合同中签约双方。一般订立合同的一方为甲方，签约对象为乙方。买卖合同中，通常付钱方为甲方。

相关知识链接

“合同”和“协议”的区别

合同和协议在实践中没有什么区别，都是双方意思表示一致而达成的一种契约。简单地说，就是你情我愿，然后把大家都同意的事情固定下来，说明白、说清楚，那么达成一致的这个事项就是协议，在法律上就叫合同。

一般来说，生效的合同和协议就具有一定的法律效力，除非其没有生效或因为一些条件而失效。例如，合同或协议的一方是个 7 岁的小孩，这样的合同就没有效力。

需要公证的合同或协议只是把合同或协议的效力固定并强化，如果法律没有要求，合同或协议的当事人也没有约定，是不需要特别公证的。

合同或协议一般两份就够了。合同当事人各持一份，如果出现第三份，则通常是给见证人或第三人，其作用也是为了强化合同或协议的效力，由双方当事人约定。

合同或协议一般只是名称和叫法不同。只要不违反法律和道德风俗，当事人可以任意约定合同或协议的名称、内容、形式，都是有效的。

思考与练习

一、简答题

1. 什么是合同？合同的种类有哪些？
2. 合同的写作格式是什么样的？

二、制作题

根据下述内容写一份合同，有些内容可自行补足。

上海×技师学院膳食科（甲方）代表梁×与上海×菜场（乙方）代表周×签订一份蔬菜购销合同。双方在协议中提到：乙方每天向甲方提供蔬菜 200 千克，其中家常蔬菜 100 千克，花色蔬菜（每天品种不少于 5 种）100 千克，蔬菜要求新鲜，采摘期不超过两天。牌价按当天菜场供应市价的 90%计算，运输由甲方自行解决。货款每星期结算一次，于每星期日通过银行托付，合同期限为一年。双方还提到：如任何一方终止合同，则应付违约金 3000 元。甲方如不能按时付款，则处以每逾期一天按总价 5%罚款；乙方如不能提供足够数量和品种的蔬菜，则按不足部分的 50%处以罚款。本合同一式五份，双方及各自上级各一份，公证处一份。

第二节　协　议　书

学习重点

★　了解协议书的概念、种类及形式。

★　掌握协议书的写作要领，能按协议书的基本格式及要求进行写作。

写作指导

一、协议书的概念

协议书是契约文书的一种，是当事人双方（或多方）为了解决或预防纠纷，或确立某种法律关系，实现一定的共同利益、愿望，经过协商并达成一致后签署的具有法律效力的记录性应用文。

协议书的形式

1. 表格式。
2. 条文式。
3. 叙述式。

二、协议书的种类

协议书根据内容可分为建房协议书、生产协作协议书、工程协议书、技术转让协议书和调解协议书等。根据性质分，则有确立某种经济关系的协议书或确立长期法律民事关系的协议书等。

三、协议书的写作方法

协议书一般由四部分组成。

1. 标题

由协议的中心内容和文种名构成，如“就业协议书”“征用土地协议书”“技术协作协议书”等，不能直接用文种名“协议书”作为标题。

2. 立协议人

在标题左下方，空两格写明协议双方或多方的名称、姓名和身份。

3. 正文

协议书主体部分的内容包括：

1）协商的目的、责任。

2）双方当事人的权利和义务。

3）协议具体的实施方法和步骤。

4）履行条款期限。

5）违反条款的责任处理。

4. 落款

落款签署双方的姓名或单位名称，并加盖公章；签署日期，一般用汉字书写清楚年月日。

细节透视

协议书的作用

协议书是契约的一种，它的作用是监督双方当事人信守诺言，平等地承担各自应尽的义务、享受应有的权利，维护双方当事人的合法权益。

例文一

全国普通高等学校毕业生就业协议书（样本）

<table>
<tr><td rowspan="5">毕业生情况及意见</td><td>姓　　名</td><td></td><td>性　　别</td><td></td><td>年　龄</td><td></td><td>民　族</td><td></td></tr>
<tr><td>政治面貌</td><td></td><td>培养方式</td><td colspan="2"></td><td>健康状况</td><td colspan="2"></td></tr>
<tr><td>专业班级</td><td colspan="3"></td><td>学　制</td><td></td><td>学　历</td><td></td></tr>
<tr><td>家庭地址</td><td colspan="4">家庭地址必须与身份证上的地址一致</td><td>联系电话</td><td colspan="2"></td></tr>
<tr><td colspan="8">应聘意见：

毕业生签字：　　　　年　　月　　日</td></tr>
<tr><td rowspan="6">用人单位情况及意见</td><td>单位名称</td><td colspan="4"></td><td>单位隶属</td><td colspan="2">——</td></tr>
<tr><td>联系人</td><td></td><td>联系电话</td><td colspan="2"></td><td>邮政编码</td><td colspan="2">单位邮编</td></tr>
<tr><td>通信地址</td><td colspan="3"></td><td colspan="2">需求信息登记鉴证号</td><td colspan="2">——</td></tr>
<tr><td>单位性质</td><td colspan="7">机关、事业单位、国有企业、集体企业、私营企业、个体企业、三资企业、部队、社团组织、其他（用✓表示）</td></tr>
<tr><td>档案转寄详细地址</td><td colspan="4">接收单位详细地址或回生源地、省就业中心托管</td><td>邮政编码</td><td colspan="2">档案接收地邮编</td></tr>
<tr><td colspan="4">用人单位意见：
同意或同意聘用
（不能填试用，若填试用此表格无效）
签　章
年　　月　　日</td><td colspan="4">用人单位上级主管部门意见：
具体参见填写提示第 4 条
签　章
年　　月　　日</td></tr>
<tr><td rowspan="3">学校意见</td><td>学校联系人</td><td></td><td colspan="2">联系电话</td><td></td><td>邮政编码</td><td colspan="2"></td></tr>
<tr><td>学校通信地址</td><td colspan="7"></td></tr>
<tr><td colspan="4">系部意见：
同意
（不需再增加其他内容）
签　章
年　　月　　日</td><td colspan="4">学校毕业生就业工作部门意见：
签　章
年　　月　　日</td></tr>
</table>

就业协议书填写方法及签订的程序：

1. 毕业生每人只能领取一套经学校编号备案的全国普通高等学校毕业生就业协议书（一式三份）。

2. 认真阅读就业协议书上的有关规定，填写协议书内个人情况及意见等项目。填写协议书时应注意用黑色签字笔填写。“培养方式”一栏应为“非定向”；其他具体填写要求见学院网站就业中心专栏。

3. 用人单位意见栏只需填写同意或者同意聘用即可，不能填写试用，若填试用此表格无效，加盖用人单位的行政章。

4. 用人单位上级主管部门意见栏一般签盖档案管理部门公章。（“用人单位主管部门”是指省级单位、高等学校、中央驻省直属单位人事处，各市、县人事局）。

5. 到所在系部、院就业指导中心盖章。

例文二

劳动协议书

甲方（单位）全称：×市×物业公司　　　　单位类型：私营

法定代表人（或负责人）：王××

单位地址：上海市×区×路×号　　　　　联系电话：021-××××××××

乙方姓名：杜××　　　性别：男　　　　文化程度：初中

出生年月：1965年×月×日

户籍所在地：上海市

实际居住地：上海市　　　　　　　　劳动保障卡号：××××××

身份证号：×××××××××××××　联系方式及电话：××××××

参照劳动法律法规的规定，甲、乙双方经平等协商达成以下一致意见，共同遵守：

一、甲、乙双方对以下事实予以确认：

1）乙方为有工作单位但暂不在岗工作且与原单位办理了相关手续的人员。

2）乙方为在原单位已办理了内部退养手续的人员。

3）乙方为已经离退休的人员。

鉴于以上情况，甲方会根据乙方的事实情况相应地办理工伤保险或意外保险。

二、协议有效期限为×年，自×年×月×日起至×年×月×日止。其中试用期为×月，自×年×月×日起至×年×月×日止。协议期满，甲、乙双方协商一致，可以续签。

三、乙方具体岗位由甲方安排，其岗位职责和工作要求按甲方规定执行。

四、乙方享有休息的权利，至少每周休息一日或按甲方依法做出的工作时间安排。

五、乙方享有按劳分配的权利，在法定工作时间内提供了正常劳动的，劳动报酬不得低于当地最低工资标准。

六、甲方有维护乙方合法权益的义务，对乙方进行业务技术和劳动安全卫生方面的基本教育和培训。根据国家规定提供必要的工作条件，如劳动保护、安全卫生等设施，保障乙方安全顺利地开展工作。

七、乙方应严格遵守甲方依法制定的各项规章制度，如员工手册、劳动纪律和安全生产规定。

八、乙方应当服从甲方的管理和教育，如乙方违反规章制度，甲方有权对其进行相应的处罚，甚至解除本协议。

九、有下列情形之一的甲方可以解除本协议：

1. 甲、乙双方协商一致的。

2. 试用期内乙方被证明不符合录用条件的。

3. 乙方严重违反劳动纪律和甲方规章制度的。

4. 乙方严重失职、营私舞弊，造成重大经济损失的。

5. 乙方被劳动教养或追究刑事责任的。

十、有下列情形之一的乙方可以随时解除本协议：

1. 在试用期内的。

2. 甲方使用暴力威胁或者用非法限制人身自由的手段强迫乙方劳动的。

3. 甲方未按照法律、法规或本协议支付劳动报酬或提供劳动条件的。

十一、劳动协议期满前，甲方应当提前30天将终止、续签劳动协议意向书通知乙方，到期办理终止或续签手续。

十二、乙方在工作期间，泄露甲方商业秘密，按情节轻重给予乙方解除协议等处罚，并承担赔偿责任。

十三、对第一条双方确认的事实如有变化，乙方应当及时如实告知甲方（书面形式），并经甲方书面确认后，甲方可以依据变化情况决定继续执行本协议或解除本协议；乙方未及时如实告知甲方的，乙方承担全部相应责任。

十四、本协议一式两份，甲、乙双方各执一份。

十五、本协议甲方签章，乙方签字后生效。

甲方（盖章）：　　　　　　　　　　乙方（签字）：

日期：×年×月×日　　　　　　　　日期：×年×月×日

想一想

协议书写作的注意事项

1. 要全方位了解对方的相关情况。
2. 签订时要按照正常程序进行。
3. 签订协议书时，要严肃认真，实事求是。

相关知识链接

“协议书”和“合同”的区别

1. 经济合同有《中华人民共和国民法典》作为依据，协议书暂时没有具体法规规定。

2. 协议书比合同应用范围广，项目往往比合同项目要大，内容不如合同具体。因此，协议书签订以后，往往还要分项签订一些专门合同。

思考与练习

一、简答题

1. 什么是协议书？协议书的种类有哪些？协议书有哪些形式？

2. 阅读例文，总结一下例文一和例文二在格式上最大的不同点，并思考两篇例文是否有本质区别。

二、改错题

指出下面协议书在格式和内容上的不妥之处。

协　议　书

甲方当事人吴××与乙方当事人陈××因土地使用权问题引起争议，经协商，自愿达成协议如下:

1. 甲方自愿将争议土地的1/4使用权让给乙方使用。

2. 乙方对土地的使用期限到2023年。

3. 如一方违约，违约方要向另一方进行经济赔偿。

三、写作题

1. 王××是×大学2021届国际经济与贸易专业毕业的学生，在毕业之际，他应聘到×公司工作，请你代他填写一份就业协议书。

2. 张××现有一套90米^{2}两居室需要出租，每月租金为5200元，采取先付租金后使用的原则，水电费由租房者承担，请你代他拟订一份房屋租赁协议书。

第三节　说　明　书

学习重点

★　了解说明书的概念、特点及功能。

★　掌握说明书的写作要领，能按说明书的基本格式进行写作。

写作指导

一、说明书的概念

说明书以应用文体的方式对某事或物进行详细描述，方便人们认识和了解某事或物。说明书要全面地说明事物，不仅介绍其优点，同时还要清楚地说明应注意的事项和可能产生的问题。

二、说明书的种类

按所要说明的事物来分，说明书可以分为产品说明书、使用说明书、安装说明书和戏剧演出说明书等。按照表现形式，说明书可以分为文字图表说明书和条款式说明书。

产品说明书主要指那些关于日常生产、生活产品的说明书。它主要是对某一产品的所有情况的介绍，诸如其组成材料、性能、存贮方式、注意事项和主要用途等的介绍。这类说明书可以是关于生产消费品的，如电视机；也可以是关于生活消费品的，如食品、药品等。

使用说明书是向人们介绍具体的关于某产品的使用方法和步骤的说明书。

安装说明书主要介绍如何将一堆分散的产品零件安装成一个可以使用的完整的产品。我们知道，为了运输的方便，许多产品都是拆开分装的。这样用户在购买到产品之后，需要将散装部件合理地安装在一起。这样在产品的说明书中就需要有一个具体翔实的安装说明书。

戏剧演出说明书是一种比较散文化的说明书，它的主要目的在于介绍戏剧、影视的主要故事情节，同时也是向观众推荐该影剧。例如，大型的演出活动对于演职员的介绍、节目的介绍等也是为了吸引更多的观众而采用的一种宣传式的说明文字。

说明书的特点

1. 说明性。 2. 科学性。

3. 简明性。 4. 条理性。

5. 条理性。 6. 实用性。

三、说明书的结构

以产品说明书为例，结构一般由三部分组成。

1. 标题

产品说明书的标题一般由产品名称加上文种名构成，位于首行正中的位置，为了更加突出醒目，标题字号一般要大于正文字号。例如，“GSK980TA 车床数控系统产品说明书”“×净水器说明书”等。

2. 正文

正文是产品说明书的核心部分，要用明确、具体、简练的语言介绍产品的名称、特征、性能、使用方法和注意事项等内容，一般包括以下内容：

（1）**产品的概况**　介绍产品的规格、型号、结构示意图等内容。

（2）**产品的性能和特点**　介绍产品的功能以及与同类产品相比所具有的特点。

（3）**产品的使用方法**　具体介绍产品正确的操作方法，避免在操作过程中出现问题。例如，如何操作控制面板、如何进行安装等。

（4）**产品的保养与维修**　主要介绍产品的保养方法和维修的相关信息。例如，可能发生的故障、故障排除方法等。

（5）**其他的使用注意事项**　介绍产品在使用时是否需要避免高热、高寒，避免阳光暴晒，与哪些产品不能同时使用，使用人群的年龄限制等。

3. 落款

要写明生产者、经销单位的名称、公司的地址、联系电话、邮政编码、传真号码、网址和电子邮箱等内容，便于使用者日后进行联系。

细节透视

产品说明书的功能

1. 宣传产品，指导消费。
2. 扩大消息，促进消费。
3. 传播知识，创造品牌。

例文一

复方板蓝根颗粒产品说明书

通用名称：

复方板蓝根颗粒。

功能主治：

本品用于清热解毒、凉血、风热感冒和咽喉肿痛。

用法用量：

口服，一次15克，一日3次。

剂　型：

颗粒剂。

不良反应：

尚不明确。

禁　　忌：

尚不明确。

注意事项：

1. 忌烟、酒及辛辣、生冷、油腻食物。
2. 不宜在服药期间同时服用滋补性中药。
3. 风寒感冒者不适用，其表现为恶寒重、发热轻、无汗、头痛、鼻塞、流清涕、喉痒咳嗽。
4. 高血压、心脏病、肝病、糖尿病、肾病等慢性病严重者应在医师指导下服用。
5. 儿童、年老体弱者、孕妇应在医师指导下服用。
6. 服药3天症状无缓解，应去医院就诊。
7. 对本品过敏者禁用，过敏体质者慎用。
8. 本品性状发生改变时禁止使用。
9. 儿童必须在成人监护下使用。
10. 请将本品放在儿童不能接触的地方。
11. 如正在使用其他药品，使用本品前请咨询医师或药师。

成分：

本品主要成分为板蓝根、大青叶。

药物相互作用：

如与其他药物同时使用可能会发生药物相互作用，详情请咨询医师或药师。

例文二

（××剃须刀）使用说明书

本说明适用于各类充电式剃须刀。

充电:

将电源插头插入 AC 220V 电源之中，视充电指示灯亮、充电 12～16 小时。（注意：充电时间不要过长，以免影响电池寿命。）

剃须:

将开关键上推至开启（on）位置，即可剃须。为求最佳刮须效果，请将皮肤拉紧，使胡子呈直立状，然后以逆胡子生长的方向缓慢移动。

修剪刀:

如有修剪刀功能的剃须刀，请在剃须前，先将修剪刀推出，修短胡须后再用网刀剃净。

清洁:

剃须刀要经常清洁。清洁前应先关上开关。旋下网刀，用毛刷将胡须屑刷净。清洁后轻轻放回刀头架且到位。清洁时应轻拿轻放，避免损坏任何部件。

保修条例:

保修服务只限于一般正常使用下有效。一切人为损坏，例如接入不适当电源，使用不适当配件，不依说明书使用；因运输及其他意外而造成之损坏；非经本公司认可的维修和改造，错误使用或疏忽而造成损坏；不适当安装等，保修服务立即失效。此保修服务并不包括运输费及维修人员上门服务费。

保修期外享受终身维修，维修仅收元器件成本费。

剃须刀中内、外刃属消耗品，不在保修范围内。

保修期：正常使用 6 个月。

注意事项：充电时间为 12～16 小时。换刀网刀头时一定要选用原厂配件。

例文三

××蓝牙音箱说明书

一、外形及功能按键

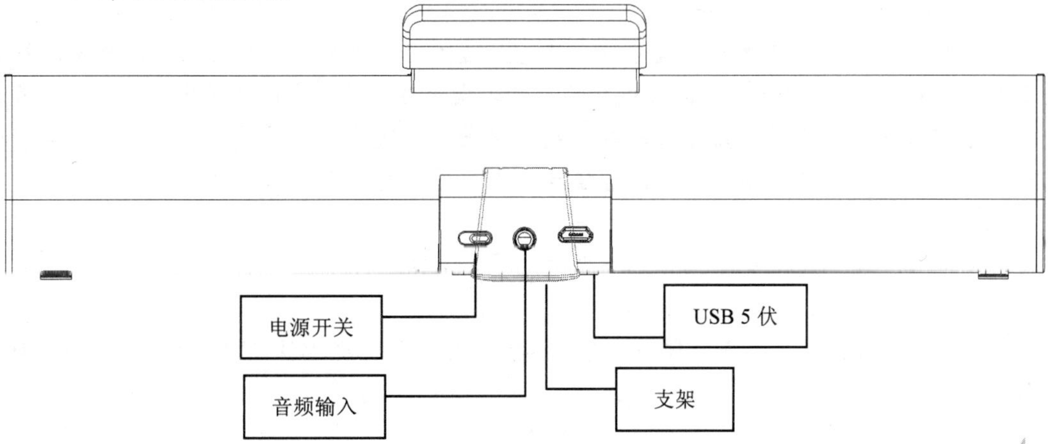

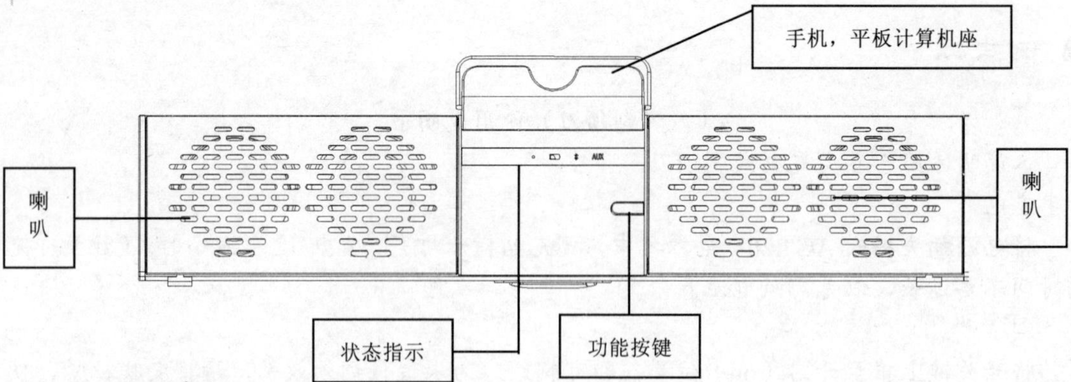

二、产品参数

产品型号：BT008

蓝牙规格：Bluetooth V2.1+EDR

传输距离：≤10米（因环境因素及连接的蓝牙设备不同而不同）

USB充电电压：DC 5伏

内置电池：锂电池

输出功率：3瓦×2

频率响应：90赫兹～20千赫兹

灵 敏 度：80分贝±2分贝

信 噪 比：≥76分贝

产品尺寸规格：271毫米×69毫米×43毫米

三、系统组成

音箱	1台
3.5音频	1条
USB电源线	1条
说明书/保修卡	1份

四、常用功能说明

1. 开机状态

打开音箱的电源开关，音箱会发出“嘟嘟”的提示音，同时蓝牙指示灯闪烁。

2. 蓝牙连接

电源打开后，音箱自动进入蓝牙搜索状态，蓝牙指示灯快闪；自动配对，蓝牙设备会提示是否配对。单击“配对”，连接成功后，蓝牙指示灯慢闪，音箱会发出“嘟”一声提示音。在电源打开后5分钟内蓝牙音箱找不到任何设备，蓝牙将自动关闭，要再次连接需要重新开关。本机具有回连功能，成功连接后的设备再次打开蓝牙时会自动连接。

温馨提示：

如果连接失败，请关机重启。如果电池电量不足，请充电。

3. 蓝牙音乐播放

蓝牙连接成功后，设备直接播放音乐。在播放过程中短按“▶||”暂停，在暂停中按“▶||”播放。

4. 免提通话

蓝牙音箱与手机连接成功后，当有来电时，音箱会发出“嘟嘟”提示音；按“☏”接听电话，可以代替手机与对方通话，再按“☏”挂断电话结束通话。

5. AUX 音源播放

将附件提供的音频线分别插入音箱 AUX 音频输入接口和计算机等音乐播放器音频插口，AUX 指示点亮；播放器开始播放，本机将立即响起音乐，音量大小、选曲等由播放器自由控制。

温馨提示:

在 AUX 状态时“⏯/☏”按键无效，暂停/播放由蓝牙设备控制。

6. 智能自动快充

待机或关机状态下充电。将附件提供的 USB 电源线 Mini USB 端插入音箱 USB 电源插口，另一端连接计算机 USB 端口或 USB 充电器，开始充电，充满后充电指示灯灭。

想一想

说明书的写作注意事项

1. 不要夸大产品作用和性能。
2. 特点要突出。
3. 语言使用要准确、科学和通俗。
4. 结构清晰，条理清楚。

相关知识链接

写好说明书六句话

1. 不能说空话。　　2. 不说过时话。
3. 说好中国话。　　4. 不说含糊话。
5. 说清提醒话。　　6. 说好关键话。

思考与练习

一、简答题

1. 什么是说明书？说明书有什么用处？
2. 说明书编写的结构组成有哪些？

二、写作题

1. 根据下面材料，写一份说明书。

××厂最近研制生产出金狮牌电蚊香片。这种电蚊香片应在室内 15 米^{2}的范围内使用。

每片药效8～10小时，使用过程中药片逐渐由蓝变白，完全呈白色时药效就没有了。药片如果只需要用两三个小时，应切断电源，下次再用时接通电源即可。更换新的药片时，一定要先切断电源，将药片放在电热器的金属板上，再接上电源。这种电蚊香片没有异味，没有烟，没有灰尘，对人体没有伤害，不会污染食品、衣物。

2. 结合说明书的写作方法，为雨衣写一份说明书。

第四节　市场调查报告

学习重点

★　了解市场调查报告的概念及特点。

★　掌握市场调查报告的写作要领，能按市场调查报告的基本格式进行写作。

写作指导

一、市场调查报告的概念

市场调查报告是以科学的方法，有目的、有计划地对购买、消费商品的个人或团体进行调查，搜集市场商品的生产、供应的情报信息，并进行分析研究，做出较为公允的、符合事物发展规律的结论性的经济管理应用文。

市场调查报告的特点

1. 内容的广泛性。
2. 告知的回应性。
3. 参与的自主性。
4. 传播的新闻性。

小资料

二、市场调查报告的种类

市场调查报告按照不同的分类标准，可分为不同的种类。

（1）**按服务对象分**　可分为市场需求者调查报告和市场供应者调查报告。

（2）**按调查频率分**　可分为经常性市场调查报告、定期性市场调查报告和临时性市场调查报告。

（3）**按调查范围分**　可分为综合市场调查报告、专题市场调查报告和典型市场调查报告。

三、市场调查报告的写作方法

市场调查报告的格式根据不同的需求采用不同的格式，但一般来说，市场调查报告由标题、前言、主体和结尾四个部分构成。

1. 标题

标题应根据市场调查的目的、内容、范围等项目来拟定，必须准确揭示调查报告的主题思想，如“房地产市场调查报告”；还有的标题包括市场调查报告的单位、时间和范围，如“×市场监督管理局 2021 年关于×市食品质量的市场调查报告”。无论采用哪种标题样式，都要简单明了、高度概括、题文相符。

2. 前言

前言是市场调查报告的开头部分，它是对市场调查的简要说明。一般应说明市场调查的目的、对象、范围、时间、地点以及采用的调查方法、方式。也可先写调查的结论，以此来引起读者的注意和思考。

3. 主体

主体是市场调查报告的核心部分，一般有三部分内容。

（1）**情况部分**　对调查结果的描述与解释说明，可采用文字、图表、数字加以说明。

（2）**结论或预测部分**　通过对资料的分析研究，得出针对调查目的的结论，或预测市场未来的发展、变化趋势。

（3）**建议和决策部分**　针对市场变化提出建议或看法。

写作时要根据材料安排层次。常见的结构有三种：一种是按照事物发生、发展的先后顺序来安排材料，逐步反映事物的发展演变过程；二是按照事物的性质组织材料，并列地从几个方面表述；三是既考虑事物发展的顺序，又兼顾事物的性质来安排材料。总之，无论采取哪种结构，主体部分都要客观、全面阐述市场调查所获得的材料、数据，用它们来说明有关问题，并得出相关结论。

4. 结尾

主要是形成市场调查的基本结论，也就是对市场调查的结果进行小结。结尾之后应注明作者的单位和姓名及写作的时间。

细节透视

市场调查报告的写作要领

1. 做好市场调查研究的前期工作。
2. 实事求是，尊重客观事实。
3. 中心突出，条理清楚。

例文一

中学生使用手机情况调查报告

随着人们生活水平的提高，手机的普及率也开始升高，特别是近两年，随着手机价格的下降和各种功能的完善，其已成为一种较为普遍的通信工具。

一、调查目的

了解手机在中学生中的使用状况。近年来，随着手机在校园里的普及，越来越多的中学生拥有手机，为了了解手机在学生中的使用情况以及所带来的利弊，我们决定以中学生为调查对象。

二、调查对象

×××中学在校学生。

三、调查方式

问卷调查（问卷内容略）。

四、调查分析

这次调查主要是有针对性地就中学生购买手机的心态、中学生拥有手机的总体情况、所带来的利弊以及校园手机普及这一社会现象的正常与否等展开调查。调查采用问卷形式，对×××中学的学生进行抽样调查，共发出调查问卷100份，成功回收100份。在性别构成上持平，其中男生占50%，女生占50%。经过对调查问卷结果的统计，其结果分析如下。

调查中发现，75%的同学已经拥有一部属于自己的手机，就算暂时还没购买手机的同学，其中大部分人认为在学校里很有必要有一部手机。其理由是：便于联系。

1. 购买手机的心态。学生消费者大多具有求新、求奇的消费心理，在这种心理驱使下，他们会对一切感兴趣的新奇事物产生强烈的消费欲望。中学生所购手机价格基本在1000～3000元之间，约占总数的80%，高于3000元和低于1000元共占20%，低档手机基本无人问津。调查还发现决定中学生购买手机的主要因素是手机的功能，其次是价格和外观。

2. 购买手机的用途。学生使用手机一是与同学联系，增进友谊，共同学习进步；二是与家长联系，遇到困难可及时向家人反映，寻求帮助；三是向老师汇报学习情况，疑难问题也可及时找老师请教，在学校遇到困难时也可跟老师反映。

但是中学生购买手机主要用于同学朋友之间交流的约占64%，而用于跟父母沟通的很少。

3. 购买手机的资金来源。主要来源于父母的约为85%，5%的中学生是自己用压岁钱或勒紧裤腰带从生活费中挤出来的，10%是别人送的。

4. 校园里的手机消费情况调查显示，在学生手机族中，每月手机费用普遍较低，微信已经成为目前中学生通信的重要手段。

5. 学生使用手机的益处。手机作为高科技产物，确实可以给人们带来许多生活上的方便，学生可以通过手机及时与家长联系，也可以向老师汇报学习情况等。当学生外出游玩或在其他地方遇到危险时可以及时向家长、老师或警察求助。一些手机的拍摄功能，可以随时拍下一些有意义、有价值的东西。

6. 学生使用手机的弊端。其一，中学生使用手机会引起争议，主要是因为手机是高消费产品，在校学生由于生活圈子较为固定，没有必要，可能会是一种物质的浪费，额外增加父母经济负担。其二，容易养成不好的消费习惯。由于中学生处于性格塑造时期，思想不稳定，情绪波动大，易受外界环境影响，使得他们的消费存在一定程度的盲目性，手机的使用存在一定的负面影响。手机还会助长学生攀比成风。其三，影响学生学习。如上课时手机铃声影响课堂秩序，而且一些学生在上课时接听电话，不仅影响老师上课，而且影响其他同学学习。微信聊天、各种小游戏影响休息，贻误学业。多数家长反映，孩子用手机谈论学习的内容少，用于同学之间联系或打游戏的多。学生学习与社交活动之间存在矛盾，如何处理好这种矛盾则需要正确引导。其四，手机辐射对身体健康有害。为健康着想，人们尤其是青少年应该尽量减少手机的使用。另外，手机上的不良信息也会诱导青少年，形成不正确的三观和行为习惯。

五、建议和策略

中学生追逐时尚，注重个性张扬，易于接受新事物，但其主要任务是学习，生理上处于生长发育阶段，最好还是正确对待手机，有效运用通信工具，做到不为手机着迷，不让手机控制使用者的思想。正确利用手机的上网功能，与学习、生活相结合，提高认知程度，将手机的功能与优势为学生所用才是最好的办法。

×××中学××班×××

2020 年 6 月 1 日

例文二

关于饮用水水桶质量的市场调查报告

近期，市消费者协会不断接到消费者咨询，对一些桶装饮用水的“黑桶”“绿桶”提出疑义，市消协于 7 月上旬开始，历时 10 余天，对市区内生产、销售的饮用水水桶开展了市场消费调查活动。现将调查情况公布如下。

一、调查形式和范围

直接深入生产厂家及销售点，实地了解；接受消费者咨询及反映，走访专家及食品卫生管理部门，在市区内全面铺开。

二、调查品牌及数量

品种为矿泉水、纯净水、离子水共计 3 个类型 18 个品牌。

三、存在的问题及对策

在这次历时 10 余天的调查活动中，发现市场上使用的桶装饮用水水桶存在着“白水桶”“黑水桶”“绿水桶”等多色水桶。

经过专家认定和食品卫生管理部门负责人鉴别认为：“黑水桶”“绿水桶”是用回收的旧塑料制作的，这些回收塑料不仅来自旧光盘、一次性塑料包装材料，甚至还有从医院回收的一次性输液管。用这种原材料制作的水桶，会不断释放出多种有害物质，即使装上合格的水也会造成新的污染。因质量差、价格低，加上桶装饮用水市场激烈的价格竞争，这种桶在市场上占有相当大的比例。

调查结果表明：几个大水厂的“黑桶”已基本淘汰，“黑桶”使用比例很小；两个新上市的水厂，没有发现“黑桶”；其他一些水厂的“黑桶”使用率比较高。市消协提醒消费者选择透明度好、耐性强的桶装水，拒绝“黑桶”，保护健康。目前市场上流通的比较好的水桶品牌是“××”“××”“××”和“××”。

×市消费者协会

×年×月×日

想一想

市场调查报告的写作注意事项

1. 客观真实。
2. 实事求是。
3. 讲究时效。
4. 注重分析。
5. 突出市场调查的目的。
6. 语言简明、准确、易懂。

相关知识链接

如何做好市场调查报告

一、设计调查提纲

只有设计好调查提纲，才能为后面的调查打好基础。调查提纲包括调查的目的、对象、范围，调查的参与人员，调查的起止时间及所采用的调查方法。

二、确定参与调查的人员

调查人员要有一定的工作经验，在特定的领域中具备专业知识和业务能力，最好聘请一些权威人士，以便对调查进行指导。

三、收集整理资料

收集资料包括在调查工作中得到的原始材料，开会、座谈的记录，参观访问的记录，有关方面提供的或有关人士撰写的材料等。

整理材料是对资料去粗取精、去伪存真，根据调查的目的及实际情况对资料进行归纳分类，筛选剔除，为撰写市场调查报告准备充足的第一手资料。

四、选择市场调查的方法

市场调查的方法有很多种，比较常见的有普遍调查、抽样调查、典型调查和重点调查。在市场调查的具体实践中，运用比较普遍的具体方法有观察法、询问法、实验法和资料收集法四种。

思考与练习

一、简答题

1. 什么是市场调查报告？市场调查报告的种类有哪些？
2. 市场调查报告的特点是什么？市场调查报告的写作注意事项有哪些？
3. 市场调查报告的主体一般写什么内容？

二、写作题

1. 根据下列具体要求，写一份市场调查报告。

具体要求：

1）根据所选课题设计一份表格式问卷。

2）调查对象不少于 30 人，调查方法任选。

3）题目自拟，字数 1000 字左右。

4）格式按课内讲解。

调查课题（任选一个）:

1）职校学生对法律基本知识的了解。

2）关于学生沉溺网络的心理调查。

3）关于“开卷有益”的调查。

2. 现在，越来越多的人意识到身体健康的重要性，健身的人也越来越多，请你做一份关于中国健身器材发展潜力的调查报告。

第五章　宣传文书

宣传文书是组织进行公关宣传的基本形式，是组织公关活动中，为实现一定公关目的而写作、使用的各类文书的总称。它具有目的明确性、内容真实性、发布公开性和受众广泛性的特点。

第一节　标语、口号

学习重点

★　了解标语和口号的概念及特点。

★　掌握标语和口号的写作要领，能按标语和口号的基本格式进行写作。

写作指导

一、标语

1．标语的概念

标语是用简短文字写出的有宣传鼓动作用的口号，它可以营造一种和谐的社会氛围。从某种意义上说，一个城市、一个地区、一个国家标语的水平，是反映这一城市、地区、国家民众文化道德水准和社会风尚的重要标志。标语的主要作用是传播社会文明、弘扬道德风尚。

小资料

标语的特点

1．准确性。　2．简洁性。

3．严谨性。　4．鼓动性。

5．文化传播性。

2．标语的类型

从内容上分，标语主要有以下几类：

1）用来宣传党和政府的路线、方针、政策的。

2）用来宣传某机关、团体的规定、禁令的。

3）用来宣传社会公共道德的。

4）用来庆祝某个节日、某种会议，或纪念某个名人、某个纪念日的。

5）用来表彰先进、模范单位或人物的。

6）用来欢迎、欢送某组织、团体或个人的。

从时效上分，标语有临时性标语和长期性标语之分。

3．标语的写作方法

编拟标语一般从以下几个切入点着手。

（1）**从对象名称入手** 很多标语直接从产品的名称产生联想，直接或间接地将产品的名称纳入标语中，从而形成标语。例如：

天天美王天天美（美王食品）。

（2）**从对象特征入手** 编拟标语的过程中，有时还要从产品的特征入手，观其特征，联想出标语。例如：

舒肤佳，爱心妈妈，呵护全家（舒肤佳护肤品）。

轻轻地我走了，正如我轻轻地来（某阅览室的公益标语）。

（3）**从对象功能入手** 标语的编拟还可以以产品的功能为切入点。从对象的功能入手编拟标语是人们常用的思维方式。例如：

不“打”不相识（某打字机）。

（4）**直接从对象入手** 编拟标语还要看标语所指的对象，根据不同的对象编拟不同的标语，这也是编拟标语的一个切入点。例如：

咱老百姓过日子，就要像大宝一样实实在在（大宝护肤品）。

二、口号

1．口号的概念

消费者记住一个品牌形象往往是从记住它的广告口号开始的。那些我们耳熟能详的广告口号，即便你已经很久没见过它们的广告了，但却依然记得。例如：万家乐，乐万家；钻石恒久远，一颗永流传；车到山前必有路，有路必有丰田车。这些广告口号历久弥新。

口号一般与标语连用，是指简短有力、有宣传鼓动作用的语言。口号在我国历史悠久，源远流长，从秦朝末年的“王侯将相宁有种乎？”到南宋初年的“等贵贱，均贫富”，再到近代抗日战争时期的“停止内战，一致对外”。这些口号在当时都起到了宣传鼓动的作用。历史发展到今天，口号中的政治意识形态也随之淡薄，呈现出商业性和娱乐化的特点。

2．口号的写作方法

有人对大量广告口号进行研究后发现，整齐句在广告口号中的出现频率较高，这说明运用整齐句能使广告口号韵律整齐、铿锵有力、易读易记。整齐句是指由两个或两个以上字数、结构相同或相近的句子组合而成的句式，可以表达出句子的均衡美。均衡美是语言艺术的原则之一，可将其运用到广告口号的创作中去。具体有以下几种方法。

（1）**简单整齐句的运用** 由两个或两个以上字数相等、意思相关而结构不同的句子排列而成。例如：

1）维维豆奶，欢乐开怀（维维豆奶广告）。

2）一卡在手，畅游神州（中国农业银行借记卡广告）。

以上两个例子，上下两句字数相等、意思相关但结构不同，却都体现了句子的均衡美。

(2) **以对偶句的形式体现对称美** 由字数相等、结构相同或相近的一对句子并列而成，例如：

1）奉献能源，创造和谐（昆仑润滑油广告）。

2）动感有形，生活有方（通用汽车广告）。

例1）上下两句的结构为谓语和宾语，例2）上下两句的结构为主语、谓语和宾语，两例的上下句结构均相同。这种句子整齐美观，两句的音节数目相等，词语布局匀称，念起来富有节奏感，显示了广告口号的对称美，从而增强了感染力。

(3) **以排比的形式体现齐整美** 把三个或三个以上结构相同或相似的意义相关、语气一致的词、词组或句子排列成串。这种手法语气连贯，句子表达有气势。广告口号常借排比格式来体现齐整美，例如：

1）放心，安心，开心（某药品广告口号）。

2）创建一流企业，造就一流人才，做出一流贡献（三一重工广告）。

以上两例，例1）是词语的排比，例2）是三个动宾短语的排比。这类句子结构相同、句式整齐，读起来朗朗上口，富有气势。

(4) **以顶真、回环的形式表达流畅、连贯的美感** 用上一句结尾的词语或句子做下一句的起头，使前后句子头尾相连，这种修辞手法叫顶真。它是汉语传统的修辞格之一，经常出现在各种文体的文章中。例如，小时候听大人讲故事："从前有座山，山上有座庙，庙里有棵树，树下坐着个老和尚，老和尚在给小和尚讲故事……"就是用的顶真的手法。在广告中运用这种修辞手法能使语气连贯。例如，"今年过节不收礼，收礼只收脑白金"的脑白金广告。

回环在头尾连接这一点上和顶真相似，它是在词语相同的情况下，从甲到乙，又从乙到甲，形成回环往复的语言形式。在日常生活中经常可以用到回环，例如，老师在教育学生时会说："学习上你帮助他，他帮助你；生活上你关心他，他关心你。"

在广告口号写作中运用回环手法，不仅能揭示事物间的关系，而且使语言有节律感，呈现流畅圆合之美。例如：

1）万家乐，乐万家（万家乐热水器广告）。

2）妈妈爱我，我爱妈妈（安儿宝A+奶粉广告）。

三、标语和口号的写作要求

1. 紧扣活动主题来写标语

(1) **直接引用全部主题词句** 以"保护母亲河"为主题，设计宣传标语。例如：

1）保护母亲河，人人都有责。

2）保护母亲河，从你我做起。

3）保护母亲河，是你我共同的责任。

以"共建绿色家园"为主题，设计宣传标语。例如：

1）共建绿色家园，建设美好未来。

2）共建绿色家园，人人都有责任。

（2）**局部引用主题词句**　如以“共建绿色家园”为主题的，局部引用了“建绿色家园”和“绿色家园”。例如：

1）建绿色家园，建美好未来。

2）绿色家园，人人都有责任。

以“辨别不良广告”为主题的，局部引用了“不良广告”。例如：

1）关爱孩子成长，杜绝不良广告。

2）辨别不良广告，争做文明市民。

（3）**巧妙化解主题词句**　如以“书香满校园”为主题的，可以巧妙化解“书香”，然后紧扣“校园”里的“花香”，引出“心灵”“希望”。由此得出标语，例如：

让书香伴随花香，让心灵充满希望。

2．展开相关联想

如以“母亲河溯源”为主题的，可以这样展开相关联想。例如：

1）母亲河——青龙河、家乡、历史。

2）溯源——寻根、溯源、探寻。

示例一：追溯青龙源头活水，探寻家乡历史文化。

示例二：寻根溯源了解青龙，奋发图强报效家乡。

3．直接、间接引用古诗词名句

以“书香满校园”为主题的，例如：

（1）**直接引用**　读书破万卷，下笔如有神。

（2）**间接引用**　读万卷书，行万里路。

4．用万能标语套用的

公式（1）：________，人人有责。

1）节能减排，人人有责。

2）保护环境，人人有责。

3）保护母亲河，人人有责。

4）节约用水，人人有责。

公式（2）：__________，__________靠大家。

1）东莞是我家，和谐靠大家。

2）地球是我家，绿化靠大家。

3）节能减排我先行，保护环境靠大家。

公式（3）：_________，_________你我_________。

1）保护母亲河，从你我做起。

2）保护母亲河，你我都有责。

3）伸出你的手，关爱你我他。

细节透视

标语和口号的作用

1. 政治目标导向。
2. 政策目标导向。
3. 社会化教育作用。
4. 动员激励作用。

例文一

1）有志者，事竟成（学校教室）。

2）态度决定命运，知识成就未来（学校教室）。

例文二

1）不忘初心，牢记使命（学校橱窗）。

2）生命在于运动（运动场）。

例文三

1）书山有路勤为径，学海无涯苦作舟（图书馆）。

2）青草无语，足下留情（草坪旁）。

例文四

1）予人玫瑰，手有余香（公共汽车上）。

2）绿色车厢，情系乘客（公共汽车上）。

想一想

“标语”和“口号”的区别

一、词典中的释义不同

1. 标语：用简短文字写出的有宣传鼓动作用的口号。

2. 口号：

1）供口头呼喊的有纲领性和鼓动作用的简短句子。

2）旧指口令。

二、在实际应用中，二者无实质区别

用文字表达出来的口号就是标语，标语其实就是无声的口号，它使口号更醒目和持久。它们唯一的区别就是媒介：口号的媒介是声音，标语的媒介是文字。

“打倒日本帝国主义”“解放全中国”“维护合法权益”等，既可以是口号，又可以是标语。

相关知识链接

中国历史上著名的口号和标语

1. 陈胜、吴广：王侯将相，宁有种乎？
2. 刘邦：杀人者死，伤人及盗抵罪。
3. 李密：罄南山之竹，书罪无穷；决东海之波，流恶难尽。
4. 钟相、杨么：等贵贱，均贫富。
5. 李自成：均田免粮。
6. 太平天国：有田同耕，有饭同食，有钱同使，无处不均匀，无人不饱暖。
7. 同盟会：驱除鞑虏，恢复中华，创立民国，平均地权。

思考与练习

一、简答题

1. 什么是标语？标语有哪些类型？
2. 什么是口号？
3. 标语和口号各有哪些写作要求？

二、写作题

1. 2009 年 12 月 7 日召开的“哥本哈根世界气候大会”被广泛视为人类遏制全球变暖行动的最后一次机会，它将决定人类和地球的未来。为使同学们更深刻地理解环境保护和自身生活的关系，学校组织了以“我们的环保生活”为主题的综合性学习活动，请你就世界气候问题设计一条宣传标语。

2. 请拟一条以“公民义务献血”为内容的公益广告词。要求主题鲜明，感情真挚，构思新颖，语言简明（10～20 个字）。

第二节　消　　息

1. 消息的概念

要了解消息的概念，首先要了解什么是新闻。不同的文化背景，不同的意识形态，就有不同的回答。

1943 年 9 月陆定一提出：“新闻就是新近发生的事实的报道。”

1981 年 8 月，中央宣传部在北京召开全国 18 大城市的报纸工作座谈会，其会议纪要对新闻定义作了“新”的诠释：“新闻反映新发生的、重要的、有意义的、能引起广泛兴趣的事实，具有迅速、明了、简短的特点，是一种最有效的宣传形式。”

综合上述种种看法，我们不妨把新闻定义为：“新闻是对新近发生或发现的、有社会意义的、能引起广泛兴趣的事实的传播。”

明确了新闻定义，我们再来区别广义的新闻与狭义的新闻。广义的新闻包括消息、通讯、特写、调查报告、新闻评论等，是报纸、广播、电视等媒体中常见的报道体裁。狭义的新闻专指消息。

2. 消息的种类

消息即狭义的新闻，它是对新近发生的有社会意义并引起公众兴趣的事实的简短报道。因此，真实性、时效性及文字少、篇幅小成为消息的基本特征。

（1）**动态消息**　也称动态新闻，这种消息迅速、及时地报道国内国际的重大事件，报道社会主义建设中的新人新事、新气象、新成就和新经验。动态消息中有不少是简讯和短讯，内容更加单一，文字更加精简，常常一事一讯。

（2）**综合消息**　也称综合新闻，指的是综合反映带有全局性情况、动向、成就和问题的消息报道。

（3）**典型消息**　也称典型新闻，这是对某一部门或某一单位的典型经验或成功做法的集中报道，用以带动全局，具有指导意义。

（4）**述评消息**　也称新闻述评，它除具有动态消息的一般特征外，还往往在叙述新闻事实的同时，由作者直接发出一些必要的议论，简明地表示作者的观点。记者述评、时事述评就是其中的两种。

消息的特点

1. 及时性。　2. 真实性。
3. 简洁性。　4. 公开性。
5. 针对性。

3. 消息的写作方法

（1）**采访是消息写作的基础**　采访不仅是消息写作的基础，也是所有新闻体（尤指新闻报道）写作的前提和基础。要写出好的、有新闻价值的消息，首先要求记者深入细致地采访，占有丰富、典型而真实的材料。这就要求记者要有较强的新闻敏感度，善于获取新闻线索，掌握基本的采访方式和方法，有熟练的采访技巧。要求记者全身心地投入到实践中去，眼观六路，耳听八方，巧问详听，勤记细想，在有限的时间内进行成功的采访，为消息写作做好准备、打下基础。

（2）**消息写作的结构形式**　即作者对已过滤的新闻材料进行总体性安排或布局的方式。消息的结构形式主要有以下几种：

1）倒金字塔式结构。倒金字塔式结构是一种头重脚轻、虎头蛇尾式的结构，它把最重要的材料放在篇首，最不重要的材料放在篇末，从导语至结尾按重要性程度递减的顺序来组织安排新闻材料。

倒金字塔式结构便于受众迅速掌握全篇的精华，满足受众尽快获取最新消息的需求；

便于记者迅速报道新闻，将最重要的新闻事实最先发出去；便于编辑选稿、分稿、组版和删节，如在版面不够时，可从后往前删，无须重新调整段落。但它也易于出现程式化、单一化的毛病，而且，它比较适宜写时效性强、事件单一的突发性新闻，而用它来写非事件性新闻，或富有人情味、故事性强的新闻，就不太适合。例如：

中新社北京九月五日电 中国中青年新闻工作者的最高奖“范长江新闻奖”从今年开始进行评奖，以后每两年评选一次。

记者从中国记协和范长江新闻奖基金会今天举行的新闻发布会上了解到，凡在评选年度不超过 55 岁的中青年专业新闻工作者均可参加评选。评选范围包括正式批准登记的报纸、通讯社、广播电台、新闻时事类刊物和新闻电影等单位的新闻编辑、记者、播音员（包括节目主持人）以及从事新闻理论研究、新闻教育的专业人员。

首届“范长江新闻奖”最多评选采编人员 10 名，是否设提名奖待定。评选结果将在明年第一季度公布。

据悉，海外新闻工作者参加评选的办法另行拟定。

2）时间顺序式结构。此结构形式又叫编年体结构，通常不一定有单独的导语，往往按时间顺序来安排事实，先发生的放在前面，后发生的放在后面。这种结构叙事条理清晰、现场感强，很适合写那些故事性强、以情节取胜的新闻，尤其适合写现场目击记。其缺点是开头平淡，难以一下子吸引受众；消息的精华也可能淹没在长篇的叙述之中。

3）对比式结构。此种结构重在通过对比揭示差异，从而突出新闻主题。如《人民日报》曾有关于顺义啤酒厂和青岛啤酒厂的报道，就是使用的这种结构。此则消息首先用的是对比性的标题。

两个厂为什么建设一快一慢？

权力下放争主动——顺义啤酒厂一年建成投产。

婆婆太多难办事——青岛啤酒厂扩建扯皮两年。

然后是对比性的导语，在对比性的导语下，又用了两个对比性的小标题：

顺义厂：地方有主动权，领导重视，各方配合。

青岛厂：婆婆太多，公文旅行，相互掣肘。

最后，又以一个对比性的标题结尾：

两个厂情况如此悬殊，发人深省。

4）提要式结构。此结构通常把新闻中最重要的事实概括到导语中，然后将多项需并列的内容以提要形式，用数字顺序一一分列出来。有时也可不用数字标示，而用“——”引出各个要点。

5）问答式结构。此结构多用于记者招待会的报道。记者应善于组织问题，报道内容应忠于原意，行文时，也应注意内容连贯和层次明晰。

6）积累兴趣式结构。此结构通常在开始设置悬念，使受众逐渐增加对事件的兴趣，最后形成高潮。因其材料的趣味性从导语至结尾递增，故叫积累兴趣式。又因其要求设置悬念，又称为悬念式结构。它尤其强调将最精彩的、出人意料的材料置于消息结尾。

细节透视

倒金字塔式结构的主要特点

1. 打破了记叙事件的常规，在材料的时间特征上，往往呈现以下形式：

首先是“总体性倒叙”，即将最后结果或后发生却富有吸引力的材料置于篇首。

其次是“局部性倒叙”，即“倒叙中的顺叙”，是在局部性倒叙中又用顺叙说明过去一段时间内“开始如何，后来又如何”。

最后是“总体性顺叙”，即“现在正在如何，进一步又如何”。

2. 按重要性程度来安排材料，决定段落层次的顺序。常呈现为“重要”“次重要”“次要”“更次要”“补充”“进一步交代性材料”的顺序。

3. 导语常是直叙型的部分要素导语，包含了最重要的事实，又往往具有相对独立性，可独立成章，变成“简明新闻”或“一句话新闻”。

4. 对事件过程的叙述往往较简略，每段文字都很简要。

4. 消息写作的注意事项

1）坚持四项基本原则，自觉执行党的宣传纪律。

2）实事求是，用事实说话。

3）迅速及时，讲求时效。

4）把精彩的引语放在消息的前头。

5）运用具体名词和富于动作色彩的动词。

6）语言朴实、简洁。

5. 消息的结构

写作消息要设想并回答读者问的问题，这些问题就构成了新闻五要素，即 When（何时）、Where（何地）、Who（何人）、What（何事）、Why（何故）。有的新闻学上补充了一个要素：How（如何）。在五个“W”和一个“H”中，最主要的是 What（何事）和 Who（何人）。写作时要认真写好这几个方面的内容。

弄清了“我要说些什么”，接下来就是“怎么说这些内容”，显然这涉及如何安排消息的结构。只要用心分析一下报刊发表的消息，就会发现，消息的结构比较固定、简单，大多数消息的结构都是“倒金字塔”式的，即最重要的材料放在开头，次要材料放在后面。消息的结构具体包括标题、导语、主体和结尾，并在文中穿插背景材料。

（1）**标题**　标题是消息的眼睛，拟写得好，可以吸引读者；拟写得差，一篇好消息也会被埋没。可见标题有着向读者推荐的作用。消息的标题必须简明、准确地概括消息内容，帮助读者理解报道的事实。消息标题有主题（正题）、引题（眉题）和副题（次题）三种。

1）主题：概括与说明主要事实和思想内容。

2）引题：揭示消息的思想意义或交代背景，说明原因，烘托气氛。

3）副题：提示报道的事实结果或作为内容提要。

（2）**导语**　导语是指一篇消息的第一自然段或第一句话。它通常用简明生动的文字，写出消息中最主要、最新鲜的事实，鲜明地提示消息的主题思想。

导语的要求，一是要抓住事情的核心，二是要能吸引读者看下去。通常情况下，导语分为两大类。一类是直接性导语，即直接写出事实核心的导语，多是陈述性的像速记一样反映事实。另一类是延缓性导语，多用于“软”消息，即所报道的不是正在发展中的、变化中的或突发性的事件。它通常用来设置一种现场或创造某种气氛，多是解释性、说明性的。

导语的形式主要有：

1）叙述式。用摘录或综合的方法，把消息中最新鲜、最主要的事实简明扼要地写出来。

2）描写式。对消息的主要事实或某一有意义的侧面做简洁朴素而又有特色的描写，以营造气氛。

3）提问式。先揭露矛盾，鲜明地、尖锐地提出问题，再作简要的回答，引起读者的关注和思考。

4）结论式。把结论写在开头，提示报道某一事物的意义、目的或总结。

5）号召式。提出号召，给读者指出方向和奋斗目标。

另外，还有摘要式、评论式、综合式和解释式等。

(3) **主体** 这是消息的主干部分，它紧接导语之后，对导语做具体全面的阐述，具体展开事实或进一步突出中心，从而写出导语所概括的内容，表现全篇消息的主题思想。主体应按时间顺序或逻辑顺序写作，但仍然要先写主要的，再写次要的。

(4) **背景** 新闻背景，指事件的历史背景、周围环境及与其他方面的联系等。写新闻有时要交代背景，目的在于帮助读者深刻理解新闻的内容和价值，起到衬托、深化主题的作用，也就是回答五个“W”中的 Why（何故）。新闻背景又称为事实背景，一般分为四种：人物背景、地理背景、历史背景和事物背景。

(5) **结尾** 新闻的结尾有小结式、启发式、号召式、分析式和展望式等。这些结尾写作与一般记叙文结尾的写作并无大的不同。

例文

浓浓中秋夜 万里汉藏情

28名西藏学子与学院师生一起欢度中秋佳节

露从今夜白，月是故乡明。又到了一年一度皓月当空、桂子飘香的日子，此时此刻，来自万里之外雪域高原的28名西藏学子，你们是否想家了？学院师生为你们送上诚挚的问候和祝福。

9月24日是一年一度的中华民族传统节日中秋节，为缓解28名西藏学生的思乡之情，学院电气工程系领导、老师与他们一起欢度中秋节。

在节日前夕，电气工程系主任×××、系党支部书记×××组织系部党员干部与西藏学生帮扶结对，每名党员干部分别结对一名西藏学生，在生活和学习上悉心帮助他们。专业课教师××、×××为他们补习专业知识技能，班主任×××在生活上全力帮助照顾他们，让西藏学生感受到浓浓的关怀和温暖。

9月24日中秋节晚上，系领导和班主任为28名西藏学生准备了具有民族特色的丰盛晚餐，同时以班级为单位开茶话会，为他们准备了月饼、水果等中秋礼物。西藏学生们深深感动于学院领导和系部领导的诚挚关怀和帮助。西藏学生××××说：“这是我第一次在离家万里之外的××市度过中秋节，我感到非常温馨幸福。能有机会来××学院求学非常幸运，感谢学院领导，感谢系领导和老师们的无私帮助。我将珍惜时间，苦练技能，将来用学到的知识技能建设美丽西藏。”

想一想

如何撰写微信新闻稿？

1. 标题要简单明了，直击其意。
2. 首段定格局，格局要尽量放大。
3. 要注意不能脱离实际，叙述清楚，简单易懂。
4. 可以适当穿插采访，牵引出文章的主题思想。
5. 结尾要点题，表明观点鲜明的态度。

相关知识链接

如今自媒体越来越发达。下面我们一起了解一下如何撰写一个好的微信新闻标题：

1）用吸引眼球的指令性词汇来提升内容的价值感强度，让阅读者认为内容会有用。

2）用数字说话，绝大多数人都存在数理盲从的心理。

3）疑问句式更容易吸引人们的眼球，提起阅读者进入了解的欲望。

4）采用欲言又止留下悬疑的手法。

5）热门事件、热点人物为标题的主体。

6）颠覆传统认知的标题。

7）用情感因素等来鼓励阅读者传播，给予阅读者责无旁贷的责任感。

8）心灵鸡汤，能够触碰到阅读者内心感动的标题。

思考与练习

一、简答题

什么是消息？消息的种类有哪些？

二、写作题

以校园的秋景为题，撰写一篇微信软文。

第三节　通　　讯

学习重点

★　了解通讯的概念及特点。

★　掌握通讯的写作要领，能按通讯的基本格式进行写作。

写作指导

一、通讯的概念

通讯是以叙述、描写为主要表达方式，将具有新闻价值的人物或事件及时、具体、生动地予以报道的新闻体裁。

二、通讯的种类

（1）**人物通讯**　即以人物的思想、言行、事迹和命运为报道内容的通讯。通过记者的专访，记述人物的谈话，从而揭示其精神世界。

（2）**事件通讯**　即以具典型意义的事件为报道对象的通讯。事件通讯时效性较强，围绕中心事件选材，虽不着力刻画人物，但往往通过典型事件表现一群人或一个集体。因此，它通过较为详尽地展示事件的完整过程，挖掘其意义，揭示其本质，进而反映社会风尚，弘扬时代精神。

（3）**工作通讯**　即介绍某单位先进事迹，传播其典型经验和做法的、具有指导意义的通讯。

（4）**概貌通讯**　即记述某地区、部门、行业和工程的新面貌、新气象的通讯。报刊上常见的“见闻”“纪行”“巡礼”“散记”均属此类。

通讯的特点

1. 严格的真实性。　2. 报道的客观性。
3. 较弱的时间性。　4. 描写的形象性。
5. 议论色彩较浓。

三、通讯的写作

（1）**关于选材与提炼主题**　占有材料对通讯写作来说就是通过扎实细致的采访广泛搜集第一手材料。随后在纷繁的直接材料中剥离出典型材料、背景材料。这些材料不仅要求真实，而且要有意义，具有典型性、指导性、生动性、情节性。在此基础上根据深和新的原则提炼主题，才可能宣传党的路线方针，呼应社会关注热点，反映时代风尚特点，从而以正确的舆论引导人，以先进的人物激励人，以真实的事件震撼人。通讯写的是真人真事，其主题必须从实际生活中提炼而来，不能随意“拔高”，更不能虚构夸大，它永远不能违背新闻的真实性原则。

（2）**关于写人**　事因人生，人以事观。人与事虽不可分，但在人物通讯与事件通讯中的确有以人为主和以事为主之别，为叙述方便故而分之。写人在文学创作中已积累丰富经验，在“非虚构”的原则下，我们不妨借用其多种手段，并注意以下三个方面：第一，形与神兼备，即不仅要写出人物的行为和事迹，更要展示其精神世界；第二，言与行统一，人物语言、行为表达和传递出人物的思想，而不同的语气、句式、词汇及动作表情、神态等是极富个性色彩的内心表露形式，写好了人物的言与行，无疑是写活了人；第三，画龙必须点睛，如果说言行、事例、情节勾勒出的人物整体形象称为“龙”，那么揭示人物行为意义，指出人物个性特点的评点便是“睛”。“画龙”用的是纪实的叙述、描写，“点睛”则是超脱的议论或抒情。

(3) **关于叙事**　通讯离不开写事，事件通讯更需完整地叙述事件的起因、人员、场面和结果等，以交代事件的复杂性和社会影响度。叙事要注意两点：第一，厘清主线，丰满细节。一个新闻事件的发生、发展过程中，有因有果，有人有事，头绪多而关系复杂，作者需厘清主线，按事件原貌将其完整地、动态地、立体地呈现给读者。而为实现这一目标，就需选择典型的细节。一篇优秀的事件通讯，必然有几个生动感人的细节来充分展示主线，使作品丰满而具现场感。第二，时间为经，空间为纬。因为事件、故事总在一定的时间和空间中，通讯须有一定的时空结构，编织好时空画面既是一个结构问题，也是一个表达方法问题。篇幅不长而情节不太复杂的事件通讯可多运用插叙、补叙、分叙等手段，充分展开矛盾和利用背景材料，使文章有变化起伏。容量大而情节复杂的事件通讯则常常运用时空交叉方式，以时间推进、空间变换等手段来切割事件，构成若干侧面，经过作者精心组合剪辑将事件完整而利落地报告于世。

选材与提炼主题是各类通讯写作中必须面对的，而写人与叙事则因通讯的种类不同而有所侧重。通讯的写作模式存在一定的约束性，因而通讯的散文化写法亦开始为人注目。所谓的散文化倾向有以下几个特点：生活面更趋广阔、结构不拘一格、技法更多样化和报道呈系列化。

细节透视

通讯的特征概括

1. 报道详细深入。这是区别于消息的一个显著特点，要对事件的来龙去脉、重要环境背景做具体描写。

2. 注重思想意义。报道那些人们普遍关心的、有现实意义的题材，还讲究主题的开掘。

3. 强调形象说话。不仅用事实说话，还要有情节、有联想，用形象说话。

4. 突出评论性。思想观点，一目了然，对就是对，错就是错。

例文一

月薪15000元　××学院毕业生李永奇被原子能科学研究院高薪聘用

他叫李永奇，来自密山一个农民的家庭，毕业于连珠山中学。2015年他背着行囊踏入××学院的校门，成为汽车工程与焊接技术系2015级秋高焊1班的学生，那时只是懵懂地想着好好学技术，找个好工作，对未来还很迷茫。3年后的今天，他再次背起行囊，坐上了开往北京的列车，开心地想着那份在中国核工业集团原子能科学研究院的工作，对未来充满了期待。

在班主任的眼中他是一个朴实无华的孩子，生活节俭，性格内向、随和，从不与人争执，甚至有些木讷，是一个老师不主动和他说话，他都不会主动开口的人。但他做事认真，思虑周全，总能很好地完成老师交给他的各项任务，学习成绩也很好。刚入校时他几乎没有电焊基础，焊出的焊缝很难看，但他的指导教师曲英良却发现，这个木讷少语的小子，有干好焊接最需要的内敛与沉稳的气质。经过两年的勤学苦练，他从众多同学之中脱颖而出，成为学院焊接专业青苗班的学员。

例文二

五千公里云和月　技能援藏献真情

××学院迎来28名西藏学子

9月9日下午3点17分，××火车站前悬挂着“热烈欢迎西藏日喀则市学生到我院学习”的条幅，28名学子满怀信心与喜悦从××火车站出站，他们就是万里跋涉来到××学院电气工程系学习的西藏学生，将在学院进行为期两年的专业学习。学院党委书记××、副院长×××、副院长×××、院长助理×××等学院领导和电气工程系主任×××等相关部门负责人亲赴火车站迎接。

此次28名西藏学子全部来自西藏日喀则市，由黑龙江省第六批援藏干部、西藏日喀则市职业技术学校常务副校长、机关党委书记×××带领，学院电气工程系党支部书记兼学管主任×××、教师×××亲赴西藏日喀则市迎接。学院师生为3名教师和28名西藏学生献上美丽的鲜花和洁白的哈达。西藏学生为学院领导和老师们献上满怀敬意的洁白哈达，并向领导老师们深深鞠躬：“感谢××学院领导！感谢老师们！”

28名西藏学生来到××学院后，立即融入到了学院和谐奋进的氛围，校园内各系部学生由学生管理干部组织，列队欢迎不远万里来到学院的西藏学生，校园内悬挂着“龙藏一家亲，援藏献真情”条幅，处处洋溢着浓浓的暖意，学院援藏干部×××和电气工程系领导安排28名西藏学生就餐、休息。这28名西藏学生将进入电气工程系机电设备安装与维修专业学习。西藏学生格桑说：“学院的校园环境优美，教学条件优越，宿舍条件温馨，老师非常善良、热情、友好，在这里我希望能学到更多的专业知识，提高自己的实际操作能力，回去后为西藏发展做出更大的贡献。我对未来的两年学习生活充满期待。”

学院党委书记××、院长××高度重视此次西藏学子培训工作，由电气工程系专门负责此次西藏学生教学和生活事宜，并针对此次西藏班召开了专门的工作会议。要求全体教师学习了解西藏的风土人情、风俗习惯和饮食习惯，以热情饱满的态度对待每一位新生，在学习、生活等各个方面为西藏学生服务好。在教学上根据西藏学生具体情况，制定专门的教学方案并加大普通话、汉语写作的课时量，由具有丰富教学经验的人文基础教研室主任××任教；在日常生活上根据民族风俗安排西藏学生的饮食与住宿，给予西藏学生最大的关心与爱护。在专业课上，选派具有丰富教学经验的教研室主任×××和××任教，同时选派具有丰富管理经验和爱心的×××老师任西藏班班主任，24小时全天候陪伴照顾学生们。学生毕业后不但能取得×××技师学院毕业证书，还能拿到高级电工和高级焊工“双高”职业资格证书。

据了解，此次学院承担的28名西藏自治区家庭贫困的中高职毕业生为期2年制的机电一体化专业高技能人才培养工作，是黑龙江省第六批援藏工作队在黑龙江省委省政府的正确领导下，立足西藏自治区产业经济发展需求和精准扶贫工作需要，立项投入170万元援藏资金，为西藏自治区和日喀则市“七大产业”经济发展提供高技能人才支撑的重要工作。此次技能培训工作是继学院2017年9月承担西藏日喀则市职业技术学校三名专业教师的培训之后，再一次承担西藏日喀则市高技能人才培养工作。

想一想

消息与通讯的区别

1. 内容上，消息简略单纯，通讯详细丰富。
2. 形式上，消息程式性强，通讯创造性强。
3. 写作技巧上，消息手法简单，通讯手法多样。
4. 风格上，消息朴实，通讯富有文采。
5. 时效上，通讯不如消息迅速及时。

相关知识链接

如何撰写一篇引人入胜的微信软文

技巧1：引人入胜

好的软文最好能在开头三句话之内就让读者明白你在讲什么，因为现在很多读者比较浮躁，如果他们在看了一段还没有明白你在说什么，那么90%的人会失去耐心，所以软文一定要有重点，以言简意赅的方式向读者讲述或是灌输你要表达的内容。

技巧2：别有风趣

微信软文一定要让广告信息更加丰富有趣，植入更加自然，可以通过互动的方式，这样不仅拉近了品牌与受众的距离，而且可以通过互动更加精确地了解受众的兴趣方向，所以品牌要做的就是把广告植入制作得更精良、自然。

技巧3：一目了然

广告文案由不同的构成因素组成，一般包括标题、正文、广告标语。正文是广告文案的主题。微信广告文案字数不能太多，必须在寥寥数语中体现广告的主题，让读者瞬间对广告的主题有所了解。除此之外，还要加深人们对商品或观念的理解和记忆，具有诱导作用。

技巧4：眼前一亮

根据产品自身特点，通过联想或者发散思维的方式，将产品和用户的生活场景相结合，通过创意的方式让读者眼前一亮，激发读者的好奇心，从而记住并相信软文中的内容。

技巧5：利益诉求

通过优点的扩大化，讲道理，诉诸消费者的理智，以理服人。

技巧 6：耳目之欲

通过语言文字塑造生动感人的形象，诉诸读者的感情，激发读者兴趣，启发其联想，通过不可抗拒的感情诱惑力激发其消费欲望。

技巧 7：体贴入微

在进行广告推送时，要把对人的关注及个性需求的满足摆在中心地位，充分考虑到微信社交平台的趣味性、情感性、大众性，拉近与读者之间的情感，使诉求对象产生亲切感，让消费者不知不觉地把企业的产品当作朋友。

思考与练习

一、简答题

1．什么是通讯？

2．通讯的特点是什么？

二、写作题

请以某一位感动中国人物事迹为题材，写一篇通讯。时间、地点、事件要交代清楚，还要注意详略得当，有条有理。

第四节 启 事

学习重点

★ 了解启事的概念及特点。

★ 掌握启事的写作要领，能按启事的基本格式进行写作。

写作指导

一、启事的概念

启事是机关单位、社会团体或公民个人公开申明某件事情，希望有关人员参与或者协助办理而使用的告知性应用文。

“启”含有陈述的意思，“事”即事情，“启事”就是公开陈述某件事情。

二、启事的种类

常见的启事有招领启事、寻物启事、寻人启事、招聘启事、征稿启事、迁址启事和开业启事等。启事可以张贴在公共场所或通过报纸、杂志、广播电台、电视台和互联网等公共媒体发布。

启事的特点

1. 公开告知，广泛发布。
2. 单一事项，内容专一。
3. 篇幅短小，文字简明。
4. 期望协助，无强制性。

三、启事的写作方法

启事一般由三部分组成。

1. 标题

标题位于首行正中，为了更加突出醒目，标题字号一般要大于正文字号。启事的标题有三种形式：第一种是直接写“启事”二字；第二种是写明启事内容，如“迁址启事”；第三种是由发启事的单位和内容构成，如“×技师学院广播站招聘编辑人员启事”。

2. 正文

正文是启事的主要内容。要用明确、具体、简练的语言说明情况，提出要求或期待。这部分文字较多，内容的详略可根据具体情况而定。如写“招聘启事”，必须把所招聘人员的要求交代清楚，例如从事什么岗位、何种文化程度、工资待遇和岗位要求等，而写“招领启事”则只写拾物的名称即可。

3. 落款

在正文的右下方写明发启事单位的名称或发启事者的个人姓名及时间，署名要写全名，如果是单位则要加盖公章。根据内容的需要，也可附上联系方式，如电话、地址、交通路线图等。

细节透视

启事的作用

启事的公开告白作用体现在两个方面：一是在告白对象无法确定具体人或已确定具体人但不知道此人在什么地方的情况下，可以通过公开陈述告白的形式使告白对象闻讯自己出现；二是有些事情的陈述告白虽有具体对象，但也有意面向社会公众。

例文一

招 领 启 事

昨天7:30，我在上校区篮球场拾到一块手表，请失者到团委认领。

拾　者

×年×月×日

例文二

拾 物 启 事

今天上午，我院机电一体化班田××同学在 PLC 教室拾到钱包一个，内有人民币和身份证，请失者到学生处认领。

×技师学院学生处
×年×月×日

例文三

寻 物 启 事

今天下午，本人不慎将李宁牌书包遗失，内有黑色钱夹一个，钥匙一串，《机械基础》《液压技术》《公差配合》等教材及练习册。拾到者请拨手机 188××××××××与本人联系；或者将书包送至学校团委，本人将不胜感激。

高级数控 9 班　高×
×年×月×日

例文四

迁 址 启 事

因办公大楼已维修好，从即日起广播站、文学社、记者团迁回原址办公（办公楼 203 室），投稿箱、意见箱也迁至办公楼正门处。欢迎全体同学到此联系工作，投送稿件。

校学生会
×年×月×日

例文五

招 聘 启 事

校文学社因部分同学面临毕业，经研究决定在全校学生中公开招聘记者 4 名，编辑 5 名。要求：具有较强的文学功底，善于交际。发表过文学作品或有过相关工作经历者优先。有意者请于每日下午 2:00 到文学社报名，截止日期为×月×日。诚请有志者加入我们的行列。

校文学社
×年×月×日

例文六

征 稿 启 事

为纪念建党 100 周年，提高我系学生书法和绘画的水平，给广大书画爱好者提供一个展示和交流的平台，特举办“×技师学院幼儿教育系书法绘画大展”，现向全系学生征稿。具体要求如下：

1. 书写内容：高雅健康，积极向上，反映当代技工院校学生青春勃发、求实进取的精神面貌。

2. 稿件类别：绘画、毛笔书法、硬笔书法均可。毛笔书法、绘画以竖式为宜，长不超过6尺（2米），自行装裱，展出后可退稿。硬笔书法规格不限，注意色彩和界格的应用，以增加展览效果。

3. 注意事项：作品右下角注明作者班级、姓名。

4. 投稿地点：幼儿教育系办公室。

5. 截止时间：×年×月×日。

幼儿教育系

×年×月×日

例文七

寻人启事

吴×，女，18岁，身高1.6米，瓜子脸，肤白，大眼睛，气质高雅，身穿浅红色连衣裙，白色皮凉鞋，于7月14日离家，至今未归。本人若见到此启事，请尽快同家人联系。有知其下落者，请与×市×大学×系吴××联系，联系电话：133××××××××；或与×市×路派出所联系，联系人：张××，电话：138××××××××。必有重谢。

吴××

×年×月×日

启事写作的注意事项

1. 寻物启事、寻人启事要把相关人或物的特征写明。
2. 招领启事写物品特征要有所保留。
3. 征招类启事要注意宣传鼓动。
4. 请求类启事要注意礼节。

相关知识链接

“启事”和“启示”的区别

“启事”和“启示”，是人们日常生活中用得较频繁但又容易混淆的两个词。遗失了东西，写一张“寻物启事”；某单位要招工，贴一份“招聘启事”。但是，上述“启事”却常被人写成“启示”，这类错误甚至见诸报刊上的广告用词，可见对这两个词的构成和它们各自的含义大有辨析的必要。

在合成词“启事”和“启示”中，“启”表示的意义并不相同。“启示”的“启”义为开导启发，“示”也表示同样的意义。“示”本指把东西给人看，在“示威”“示弱”“示众”等词语中，“示”皆表此义。由让人看的意义再引申，“示”又有指示、开导、让人明白某种道理的意思。比如：“老师，这个问题怎样解答，请您给我一些启示！”因此，在合成词“启示”中，“启”与“示”是同义并用。“启示”的意思是启发指示、使人有所领悟的意思。至于“启事”的“启”，则为陈述表白的意思。“启事”即为公开声明某事而刊登在报刊上或张贴在墙壁上的文字。

思考与练习

一、简答题

1. 什么是启事？启事的种类有哪些？

2. 阅读例文，总结一下寻物启事和招领启事在写法上最大的不同点。

二、改错题

下面一则应用文在格式、内容方面存在许多不当的地方，请指出四处并加以改正。

招 领 启 示

各位同学：

你们好！

本人昨天傍晚在校学生食堂内拾到一只钱包，内有现金三百元三张百元钞票。失主一定心急如焚，请失主速来26栋603室咨询。

高机电×班 姚×

×年×月×日

三、写作题

1. 教师节即将来临，学院校报开始征集“歌颂教师”的稿件，请你替校报拟一份征稿启事。

2. 本月13日，王力在学校电梯间丢失一个U盘，里面有大量的毕业设计资料。请你代王力写一份寻物启事，约定酬金100元。

第五节 海 报

学习重点

★ 了解海报的概念及特点。

★ 掌握海报的写作要领，能按海报的基本格式进行写作。

写作指导

一、海报的概念

海报是宣传广告的一种，一般用于发布与群众生活、特别是群众文化生活密切相关的消息。海报采用直接书写、设计、张贴的形式，向广大群众报道或介绍有关戏剧、电影、体育比赛、文娱演出或某种活动的信息。

海报的特点

1. 广告的宣传性。
2. 广告的商业性。
3. 内容的限定性。
4. 表达的艺术性。

二、海报的种类

海报从内容上看可以分为下列几类。

1. 电影海报

这是影剧院公布演出电影的名称、时间、地点及内容介绍的一种海报。这类海报有的还会配上简单的宣传画，将电影中的主要人物画面形象地展现出来，以扩大宣传的力度。

2. 文艺晚会、杂技、表演等海报

这类海报与电影海报大同小异，它的内容是吸引观众去观赏这种娱乐演出，这类海报一般有较强的代入感。海报的设计往往要新颖别致，引人入胜。

3. 学术报告类海报

这是一种为一些学术性的活动而发布的海报，一般张贴在学校或相关的单位。学术类海报具有较强的针对性。

4. 个性海报

自己设计并制作，具有明显手工特点的海报。

三、海报的写作方法

海报一般由标题、正文和落款三部分组成。

1. 标题

海报标题的写法较多，大体可以有以下几种形式：其一，单独由文种名构成，即在第一行中间写上“海报”字样；其二，直接将活动的内容作为题目，如“舞讯”“影讯”“球讯”等；其三，可以是一些描述性的文字，如“×××再显风采”。

2. 正文

海报的正文要求写清楚以下一些内容：

1）活动的目的和意义。

2）活动的主要项目、时间、地点等。

3）参加的具体方法及一些必要的注意事项等。

3．落款

要求署上主办单位的名称及海报的发文日期。

以上的格式是就海报的整体而讲的，在实际使用中，有些内容可以少写或省略。

细节透视

海报的用途

1）广告宣传海报：可以传播到社会中，主要为提高企业或个人的知名度。

2）现代社会海报：较为普遍的社会现象，为大多数人所接纳，提供现代生活的重要信息。

3）企业海报：为企业部门所认可，可用于引导员工的思想，引发其思考。

4）文化宣传海报：用于宣传文化思想，弘扬正能量。

例文一

海报

唐山大地震，是指1976年7月28日发生于中国唐山的里氏7.8级大地震。此次地震造成242769人死亡。亦有电影《唐山大地震》，由冯小刚执导。该电影根据小说《余震》改编，描述1976年唐山地震中，一位母亲只能选择救姐弟之一。母亲最终选择救了弟弟，但姐姐却奇迹生还，后被解放军收养，32年后家人意外重逢，心中的裂痕等待他们去修补的悲伤故事，再一次勾起了当代人们对那一段惨痛灾难的回忆！10月30日，《唐山大地震》在我院报告厅播出，欢迎全院师生前来观影。机会难得，切勿错过！

时间：10月30日晚7时

地点：学院报告厅

××技师学院

×年×月×日

例文二

海报

为丰富同学们的业余生活，提高同学们的朗诵能力，特邀请中国诗歌学会朗诵专业委员会委员、朗诵家××先生参加我院读书沙龙活动，为朗读社团的同学们现场指导。时间为×月×日×时，地点在图书馆北侧阶梯教室，欢迎全校同学前往听讲。

院学生会　　朗读社团

×年×月×日

例文三

海报

经过一个月的选拔，本次篮球师生赛教师队的冠军与学生队的冠军均已产生，总决赛将于×月×日×时在校体育馆内举行。两支劲旅狭路相逢，赛事一定精彩激烈。最终总冠军究竟为哪队所得？欢迎全校师生届时亲临赛场，一睹健儿风采。

校学生会　校体育教研室
×年×月×日

例文四

学术报告会

为纪念中国共产党成立 100 周年，特邀校友××博士来我校作学术报告。报告题目为《中国共产党的发展进程》，时间为 7 月 1 日 14 点，地点在学校礼堂，欢迎全体师生踊跃参加。

校学生会
×年×月×日

想一想

海报写作的注意事项

1. 一定要具体真实地写明活动的地点、时间及主要内容。
2. 文中可以用些鼓动性的词语， 但不可夸大事实。
3. 海报文字要求简洁明了，篇幅要短小精悍。
4. 海报的版式可以做些艺术性的处理，以吸引观众。

相关知识链接

海报的起源

海报这一名称，最早起源于上海。海报一词演变到现在，范围已不仅仅是职业性戏剧演出的专用张贴物了，同广告一样，它具有向群众介绍某一物体、事件的特性，所以又是一种广告。海报是极为常见的一种招贴形式，其语言要求简明扼要，形式要做到新颖美观。

1895 年 12 月 28 日，法国卢米埃兄弟在巴黎的一间餐厅里向 35 位观众放映了《火车到站》等短片，当时那张题为“卢米埃电影”的海报可能是世界上第一张电影海报。

早期的电影海报是纯粹为了电影的上片做宣传广告用途，就如现在卖场中的大多数促销海报招贴，是用手工绘制的，又称手绘电影海报，其真迹已较少见，好莱坞早期著名影片《飘》，《蒂凡尼的早餐》，《卡萨布兰卡》等的海报都是手绘的，画面精美细致，至今仍有很高的艺术价值。

随着电影的普及，电影海报制作技术的进步，电影海报本身也因其画面精美、表现手法独特、文化内涵丰富，成为一种艺术品，具有欣赏和收藏价值。但国外的海报收藏家一般只收藏原版电影海报。当然，其头版及前几版更因其数量稀少、升值潜力巨大而备受宠爱。

电影海报以及其他电影衍生产品，从功能上分可分为两类：第一类是供广告促销用的，其产品上常标有“For Promotion”（促销用）的字样，主要用作电影公司的广告、影院招贴、观众的赠品。第一类产品是不能用于销售的。第二类是可供销售的。大家在上海看到的电影海报、明信片、钥匙圈、纪念卡、马克杯和 T 恤等都属于电影的衍生产品。电影和电影的衍生产品早已成为一种文化，影响了一代又一代人，走进千千万万人的生活。

当今的电影海报大多画面精美，即使是同一部电影的海报，各国的版本都会有不同的表现手法，也可能突出不同的主题。一部普通的电影海报只有一两个版面，而一部畅销的大片就可能有数十种版面。

思考与练习

一、简答题

1. 什么是海报？海报的种类有哪些？

2. 正确书写海报的格式顺序是什么？

二、改错题

下面一则海报在格式、内容上有不当之处，请指出四处并加以改正。

报告会

为纪念“一二·九”学生运动八十五周年，特邀校友××博士来我校作学术报告。

地点：多媒体教室

欢迎全体师生踊跃参加。

×年×月×日

三、写作题

1. 学校马上要举行一场校园歌手大赛，请制作一张海报进行宣传。

2. 学校生态工程系将于本周六邀请国家高级园林工程师×××来校进行“园林设计艺术”讲座，请制作一份宣传海报，注意标明讲座时间、地点。

第六节 喜 报

学习重点

★ 了解喜报的概念及特点。

★ 掌握喜报的写作要领，能按喜报的基本格式进行写作。

写作指导

一、喜报的概念

喜报是单位、集体或个人向上级机关、有关方面或家属报告喜讯的一种专用文书。

喜报的特点

1. 明确的主题。
2. 较强的针对性。
3. 较强的机动性。
4. 有收藏的意义。

二、喜报的种类

喜报有以下三种：

一是单位或部门向上级机关或有关方面报喜的喜报，内容为成立了某种组织、完成了某一重大任务、取得了显著成绩、创造发明获得了成功等。

二是单位或部门向先进个人的家属或原单位报喜的喜报，内容为某人在生产、工作或战斗、学习中做出了突出贡献，取得了优异成绩，或获得某一荣誉称号等，如“立功喜报”。

三是有关单位向家属报喜的喜报，内容为某人以实际行动响应党和国家某一项号召，被上级批准，如“参军喜报”。

三、喜报的写作方法

喜报由题目、称呼、正文、结语、署名及日期构成。

1．题目

在第一行居中写“喜报”字样，字体较大。如果张贴，则需红纸用黄粉书写。

2．称呼

在题目下空一行顶格写喜报的单位或个人的名称，后加冒号；有的也可不加称呼。

3．正文

称呼下空两格书写。回行时顶格写。内容主要写自己或本单位取得了什么成绩、成就、成果及其意义；简述取得进展的原因；表示今后的决心和打算。

4．结语

写“特此报喜”“特此捷闻”“特此报捷”和“此致敬礼”等祝颂语。

5．署名及日期

写清楚送喜报单位或个人的名称。向下报喜的喜报，则需要加盖单位公章。日期要写全年月日。

细节透视

喜报的作用

1. 激励评价的及时性。 2. 激励评价的全体性。 3. 激励评价的多样性。

例文一

喜　报

12 月 21 日，由××《生物学》教材编写组与××大学出版社联合举办的“2008 年××《生物学》教学研讨会暨全国实验区交流会”在××市枫叶国际酒店举行。

本次大会上，全市有三个项目获奖，获奖人数达 10 人，为我市争得了宝贵的荣誉。具体如下：一个课题获一等奖，获奖老师××；四个演示文稿（PPT）设计和制作获二等奖，获奖老师××、××、××、××；一个《伴你教生物》案例获一等奖，获奖老师××。

在此，谨向获奖的老师表示热烈的祝贺！

×学校生物研究室

×年×月×日

例文二

喜　报

市人民政府领导同志:

××届×中全会以来，在市人民政府的正确领导下，我厂的各项工作一年比一年好。三年来我们共为国家节约原煤 21000 吨，发电量增加 50%。安全生产水平也不断提高，截至今年第三季度，已连续安全运行 630 天，在全国 10 万千瓦以上容量电厂中居于领先地位。特向市人民政府领导报喜！

今后我们一定继续做好各项工作，多节煤，多发电，为现代化建设多做贡献！

××市热电厂

×年×月×日

例文三

喜　　报

×××同志:

您在我校上学的孩子×××，最近响应祖国号召，踊跃报名参军，经审查，现已被中国人民解放军××××部队批准入伍。特此向您报喜!

××市××中学

×年×月×日

例文四

喜　　报

×学院被教育部、人力资源和社会保障部、财政部批准为国家首批中等职业教育改革发展示范学校，是全省唯一获此殊荣的院校。

×单位办公室（公章）

×年×月×日

例文五

喜　　报

根据×年1号文件，×学院被省人社厅党组授予2020年度先进集体荣誉称号，学院××、×××被省人社厅授予2020年度先进工作者。

×单位办公室（公章）

×年×月×日

例文六

喜　　报

×××同学，两年来，努力提高思想觉悟，刻苦学习各门科学知识，在毕业评比中被评为“模范共青团员”“三好学生”。特此报喜!

××干部学院团委会、学生会

×年×月×日

想一想

喜报写作的注意事项

1. 不能滥用捷报、喜报。只有重大的胜利、突出的成绩、优异的成绩和重大的成果才有写喜报的必要。
2. 实事求是，不说假话，不报假情。
3. 语气热情恳切。
4. 语言简明朴实。

相关知识链接

“喜报红旌”的由来

相传喜报源自讷尔经额伪造胜果，向北京报告怀庆大捷，咸丰皇帝听了之后非常高兴，亲自书写了“喜报红旌”的匾额，赐给了讷尔经额的事情。

清王朝听说太平天国的林凤祥部队已经渡过黄河，非常惊慌。命令直隶总督讷尔经额为钦差大臣，理藩院尚书恩华、绥远将军托明阿帮办军务，率领大军救援怀庆，在清化镇驻军。当时内阁大学士胜保的追兵也从扬州赶到，驻扎在怀庆城东；山东、直隶、山西的援兵陆续到达，人数超过两万，将林凤祥团团包围。林凤祥等环绕怀庆筑起了土城，在土城外面挖掘壕沟，一面包围怀庆，一面对抗援军。每次战斗，林凤祥、李开方和吉文元都身先士卒，清朝的军队望风披靡，根本无法靠近太平军的营垒。

但是长期坚守不是办法，林凤祥部队的火药、粮食大量消耗，清军各地援兵不断赶到，情势更加危急。七月二十八日，林凤祥秘密下令各营把羊和狗倒吊起来，让他们的前蹄击鼓，在营中焚烧柴草，伪装做饭，迷惑清军，然后各营偃旗息鼓，偷偷越过壕沟向北逃走。几天之后，清朝军队才发现太平军已经全数不见。讷尔经额伪造胜果，向北京报告怀庆大捷，咸丰皇帝听了之后非常高兴，亲自书写了“喜报红旌”的匾额，赐给了讷尔经额。此时太平军已越过王屋山进入了山西。

这次战役，林凤祥等人围攻怀庆五十多天，浪费了不少粮食弹药，士卒劳乏，却没有战果，新投降的人逃走了很多，进入山西的时候人马不足三万。但是跟数倍于自己的敌人对阵，仍能牢牢掌握战场主动权，想攻就攻，想守就守。军队修整完毕之后，悄悄撤退，毫无踪迹可查，清朝军队固然无能，但是说林凤祥用兵如神，一点都不夸张。

山西巡抚哈芬根本不懂打仗，毫无戒备，林凤祥在山西如鱼得水。攻克垣曲后，八月初三，攻克绛县；初四，攻克曲沃；初八，攻克平阳府；初九，攻克洪洞，所向无敌。林凤祥军纪严明，对百姓秋毫无犯，有些地方比如赵城、霍州的百姓都准备好粮草，打开城门迎接他的到来。太平军无意在山西发展，全力进攻北京，向东进发，二十一日攻克潞城县，二十二日攻克黎城，翻越太行山，再克武安、涉县到达直隶边境，二十六日，在临洺关打败了钦差讷尔经额的主力部队。到了这个时候，清朝才知道钦差大臣讷尔经额上次是虚报战果，剥夺了讷尔经额的职务，各路勤王兵马都不敢靠近太平军，只有胜保还敢于追赶林凤祥作战，于是任命胜保为钦差大臣，赐予了他神雀刀，给他先斩后奏之权。咸丰皇帝手书“喜报红旌”的四字匾额，成了一个天大的笑话，咸丰皇帝大怒，命令把匾悬挂在军机处东壁，警示手下的大臣。

思考与练习

一、简答题

1. 什么是喜报？喜报的种类有哪些？
2. 阅读例文，总结一下在写作喜报时应注意的问题。

二、改错题

下面一则应用文在格式、内容方面存在许多不当的地方，请指出四处并加以改正。

喜　报

××家长

××同学高考取得了651分的优异成绩，被清华大学录取。

特向家长和考生表示热烈祝贺！

×中学
×年×月×日

三、写作题

1. 我校××老师参加全国技工院校职业能力大赛，荣获二等奖。请写一份喜报向全校师生报喜。

2. ×××同学于2018年×月×日参加第45届世界技能大赛中国赛区××省分赛区获得一等奖。请给学校写一份喜报，汇报成绩。

第七节　解　说　词

学习重点

★　了解解说词的概念及特点。

★　掌握解说词的写作要领，能按解说词的基本格式进行写作。

写作指导

一、解说词的概念

解说词是对事物、人物进行说明的一种说明文体。例如，产品展览、文物陈列、书画展览、标本说明、园林介绍、影剧解说和人物介绍等都要运用解说词。

解说词的特点

1. 客观性。
2. 说明性。
3. 顺序性。
4. 生动性。

二、解说词的种类

解说词可分为人物事迹展览解说词、导游解说词、影视新闻纪录片解说词三类。

三、解说词的写作方法

解说词因被解说的事物不同而千差万别，大体上有三种形式。

（1）**穿插式** 即穿插在电影、电视剧的剧情进展中，三言两语，简要介绍有关人物和事件，使观众更透彻地理解剧情。

（2）**特写式** 即就某个实物或画面作介绍，文物古迹解说词、专题展览解说词、摄影图片解说词等均属此类。它要求重点突出地介绍有关知识，给观众以视觉外的补充。

（3）**文章式** 即用文章的形式来介绍被解说的对象。连环画解说词、纪实性的电影、电视剧的解说词均属此类。它既是一篇完整的文章，又要紧扣被解说的对象，因物或因事而行文。

不论是哪一种形式的解说词，都要求扣住所要解说的对象的特点，用通俗简洁的语言，把实物或图像的内容介绍给观众。解说词只有配合紧密，才能使观众获得更深刻的认识。

细节透视

解说词的作用

一是发挥对视觉的补充作用，让观众在观看实物和形象的同时，从听觉上得到形象的描述和解释，从而受到感染和教育。

二是发挥对听觉的补充作用，即通过形象化的描述，使听众感知故事里的环境，犹如身临其境，从而达到情感上的共鸣。

例文一

感动中国人物解说词

他花了 15 年，终于磨成了一柄倚天长剑——高性能炭/炭复合材料制成的大型民用飞机制动片，使我国成为继英、法、美之后第 4 个拥有航空制动材料生产技术的国家。去年他获得国家技术发明奖一等奖，结束了该奖项连续 6 年空缺的历史。

有件事让黄伯云至今感到屈辱：当时跟一个航空大国同时起步研究航空制动材料时，他们说自己的技术很先进了，你花几百万美金来买我们的技术。但黄伯云没料想到的是，对方提供的试验样品竟是废料。

历经 15 年的坎坷，黄伯云和他的课题组终于收获了成功。就在中国科学家欢庆胜利之时，人们发现，当年卖废料的那个国家，在航空制动片技术方面仍未实现突破。

例文二

八达岭长城导游词

各位游客大家好，欢迎光临八达岭长城。我是×××旅行社的导游，大家可以叫我张导，也可以叫我小张。今天我很高兴能陪同大家一起游览八达岭长城。

长城是世界闻名的奇迹之一，它像一条巨龙盘踞在中国北方辽阔的土地上。它是中国古代劳动人民血汗的结晶，也是中国古代文化的象征和中华民族的骄傲。

我们今天要参观的长城是明代修筑的八达岭长城。它建筑雄伟，是万里长城的精华，也是世代长城中最杰出的代表。它不仅起着保护明王朝皇陵的作用，同时也是京城的西北门户。八达岭长城接待过中外游客六千多万人次，许多外国首脑和众多的世界风云人物曾登上八达岭长城。俗语说："不到长城非好汉！"不用急，您马上就成为登城的好汉了。

朋友们，我们已经来到著名的八达岭长城了。您往远处看，可以发现这里的长城分为南、北两个峰，蜿蜒于山脊之上，龙腾虎跃，气象万千，景色十分壮观。

八达岭长城的墙体平均高 7.8 米，墙底宽 6.5～7.5 米，顶宽 4.5 米。往下看是由两个门洞和 U 字形墙组成的瓮城。由于长城是一个完整的军事防御体系，因此它不仅有瓮城和城墙，还有传报军情的烽火台。

朋友们，由于时间关系，南峰就不登了。八达岭长城就介绍到这里。好了，如果哪位朋友对长城有兴趣，可以去滚天沟停车场的中国长城博物馆参观。

随着我国旅游业的发展，长城——中华的象征，全世界重要的文化遗产，焕发出新的生机，以更优质的服务迎接大家的到来。谢谢大家，我的讲解到此结束了，但愿在以后的时间里，能有机会再次为您服务，愿长城之行在你心中留下美好的回忆。

例文三

电视片《壮丽的长江三峡》解说词

这三个峡各有其特点。瞿塘峡以宏伟雄壮著称。巫峡以其幽深秀丽而闻名。西陵峡则是滩多险峻惊人。三峡胜景丰富多姿，更有许许多多的名胜古迹，流传着奇妙动人的神话故事，令人无限神往。古往今来，多少诗人画家、名士高人慕名而来，为其吟诗作画，描绘和赞美它的千姿万态。游览三峡，饱览奇光异景，是一种非常美妙的享受。

例文四

×学院实训基地解说词

×学院实训基地自×年落成投入使用后，发展迅速，购置数控机床、焊机等大型先进设备，拥有数控加工、钳工、电工、焊接、机加工和生产实习六大车间，承担学校各专业学生的实习实训任务，是×省最大的技工教育实训基地之一。学校拥有比较完备的实习实训设备，为学生技能实训创造了条件，扩展了实训空间，拓宽了学生的视野，提高了学生适应企业的能力，使学生和企业实现零对接。学校每年都举办校级技能大赛，今年又承办了×技工院校技能大赛，在学校营造了以赛促学、以赛促教的良好氛围。

实训楼一楼是外加工车间，有大型各类机床 48 台（套），主要承担来料加工，实现产出式教学，可同时容纳 40 名学生实习。

实训楼二楼拥有数控加工和机加工两大车间，拥有数控车床 35 台，数控铣床 10 台，线切割、雕刻机等 8 台，卧式车床 48 台，普通铣床 12 台，可同时容纳 400 名学生实习，是集先进和齐全于一体的加工实训车间。

实训楼三楼是电工实训车间。拥有 9 个电工操作室，468 个工位，各类大中小电气设备 212 台（套），可同时容纳 400 名学生实习。学生在这里可完成电工基础、电气控制安装、矿山电气设备检修、电机变压器维修、应用电子和 PLC 控制等方面的实习实训任务。

实训楼四楼是数控模拟车间，拥有 34 台设备；拥有 6 个 PLC 一体化教室，可同时容纳 60 名学生实习；学生可以在这里学习交通灯的控制和抢答器的使用；电梯模型和恒压供水实物模拟器材使学生在学习过程中最大限度地模拟了真实的控制过程。

例文五

×学院一体化教学楼解说词

×学院一体化教学楼，规划总用地面积×米^2，建筑面积×米^2，一期建设×米^2，后续建设×米^2，预算资金总额为×万元。该教学楼以为地方经济社会发展输送更多高技能人才为宗旨，可容纳机电一体化、数控加工、电工、钳工、汽车维修、煤电化自动控制、养殖、种植、畜牧、园艺和农业机械化等 13 个专业，可同时容纳×人进行学习，一体化教学、教研、实训的功能齐全，拥有经济实用的现代教学基础设施，于×年×月底建成投入使用。该教学楼建成后，将最大限度地整合学校各类教学资源，抓住社会历史发展机遇，把学院建成全省乃至全国同类院校示范性教学、科研、培训基地，为国家实施振兴东北老工业基地、省建设东部煤电化基地提供人才支持和重要的硬件支撑。

解说词写作的注意事项

1. 简明扼要。
2. 及物扣题。
3. 内容完整。
4. 语言通俗化、大众化。

相关知识链接

解说词的写作技巧

解说词的具体写作，需要全面详细了解客户或制作方的资料，理解客户表达的重点和特色，整理思路和行文风格，特别是镜头语言的表达方式，然后再落笔形成文字稿。

1. 解说词要有画面感，它是镜头语言的补充和衬托，在有些专题片中也起主导作用。

2. 解说词是按照实物陈列的顺序或画面推移的顺序编写的。陈列的各实物或各画面有相对的独立性，反映在解说词里，应该节段分明，每一件实物或一个画面有一节或一段文字说明。在书面形式上，或用标题标明，或用空行表示。所以解说词不要求太强的段落之间有上下关联性，只要求就某一段落就事论事即可。

3. 解说词的写作要注意不能喧宾夺主，压过了画面的表现力，就如同演唱的伴奏一样。同时在写作中需要注意防止两种不好的倾向：一是完全不顾镜头要表现的内容自说自话，形成画面、解说两张皮；二是完全跟随镜头画面步调，没有起到烘托、补充、引领等交互作用，致使全片像幼儿园小朋友识字的看图说话，如“这是一个苹果，那是一只猫”。好的解说词，和镜头画面相辅相成，文采斐然，如行云流水，又如疾风骤雨，本身就是一篇绝佳妙文，与镜头画面相得益彰，如一双璧人，珠联璧合。这方面的典范就是刘郎导演的《苏园六纪》。

思考与练习

一、简答题

1. 什么是解说词？解说词的种类有哪些？
2. 解说词有哪些特点？

二、写作题

写一篇解说词，以解说员的身份介绍所在学校的一处风景或建筑物。

第六章　礼 仪 文 书

礼仪是礼节和仪式的总称，礼仪文书是为礼仪目的或在礼仪场合使用的文书。礼仪文书包括请柬、欢迎词、欢送词、祝词、名片、贺卡、祝贺信、慰问信和感谢信等。写作礼仪文书时应当准确、适当地表达出礼仪上的要求，根据不同的时机和对象，力求写得恰如其分、恰到好处，充分体现其交际性、礼节性、规范性的特点。

第一节　请柬、聘请书

学习重点

★　了解请柬和聘请书的概念及特点。

★　掌握请柬和聘请书的写作要领，能按请柬和聘请书的基本格式进行写作。

写作指导

一、请柬

1. 请柬的概念

请柬又称请帖，是人们在节日和各种喜事中请客用的一种简便邀请信。请柬是为邀请宾客参加某一活动时所使用的一种书面形式的通知，一般用于联谊会、友好交往的各种纪念活动、婚宴、诞辰或重要会议等。发送请柬是为了表示举行活动的隆重。

请柬的特点

1. 使用请柬，既可以表示对被邀请者的尊重，又可以表示邀请者对此事的郑重态度。

2. 凡召开各种会议，举行各种典礼、仪式和活动，均可以使用请柬。

小资料

2. 请柬的种类

请柬按照内容不同主要有婚宴请柬、个性请柬、会议请柬等。

3. 请柬的写作方法

请柬的写作有纵式和横式两种，一般包含以下几项内容：

1）标题。标题的写法通常是在正文上方居中写“请柬”二字，字要比正文的大一些，也可改变字体或用花边修饰以示喜庆。

2）称呼。在标题下第二行顶格写上被邀请者的姓名、称谓或单位名称。如果不方便直接指明具体的被邀请人，称呼可用其单位全称。

3）正文。这部分主要写邀请的内容，包括活动的名称、时间和地点，且必须明确到小时、分钟。一些特殊的会议还要说明会议的宗旨、议题等。如果有必要，有时还要提醒应邀者应做哪些准备。

4）结束语。结尾常用表示邀请的词语，如“敬请光临”“恭候光临”等。

5）署名和日期。写上邀请者的名称或盖章及发柬时间。如果请柬是横式书写，在请柬的右下角落款；竖式书写的请柬，则在左下角落款。

4. 请柬的写作要求

1）请柬不同于一般书信。一般书信都是因双方不便或不宜直接交谈而采用的交际方式。请柬却不同，即使被请者近在咫尺，也需送请柬，这主要是表示对客人的尊敬，也表明邀请者对此事的郑重态度。

2）语言上除要求简洁、明确外，还要措辞文雅、大方和热情。

细节透视

设计请柬的注意事项

1. 内容要与形式一致。
2. 信息准确完整。
3. 设计新颖、别出心裁。
4. 色彩搭配和谐。
5. 内容简洁，大小合适，便于携带。

例文一

请　柬

尊敬的×××老师：

我院将于×年×月×日（星期日）晚上7:30在学院大阶梯教室举行首届“奥林匹克杯辩论赛”总决赛。

诚挚邀请您担任本次大赛的评委。

院团委、学生会

×年×月×日

例文二

请　　柬

×××:

兹订于2018年11月8日至11月18日，在××商业大厦召开××名酒展销会，并于11月8日中午11时58分在××商业大厦举行开幕典礼，敬备酒宴恭候。请届时光临。

××酒业有限公司

2018年11月5日

例文三

请　　柬

×××女士/先生:

兹定于9月12日晚7:00～9:00在市政协礼堂举行中秋茶话会，届时敬请光临。

此致

敬礼

×市政治协商会

×年9月10日

例文四

请　　柬

张××先生:

兹定于2018年5月1日在××国际大酒店2楼举行李××先生和王××小姐的结婚庆典，恭候您的光临。

李××　王××

二〇一八年四月二十八日

二、聘请书

1．聘请书的概念

聘请书简称为聘书，是机关部门、社会团体、企业单位和公司学校等聘请有关人员在本单位任职或承担某项工作任务时使用的、具有固定格式的文书。

聘请书的特点

1．严肃性。

2．规范性。

3．凭据性。

4．约束性。

2. 聘请书的写作方法

聘请书一般已按照书信格式印制好，中心内容由发文者填写即可。完整的聘请书格式一般由以下几部分构成。

(1) **标题** 聘请书往往在正中写上“聘书”或“聘请书”字样，有的聘请书也可以不写标题。已印制好的聘请书标题常用烫金或大写的“聘书”或“聘请书”字样。

(2) **称谓** 聘请书上被聘请者的姓名称呼可以在开头顶格写，然后再加冒号；也可以在正文中写明受聘人的姓名称呼。常见的印制好的聘请书则大都在第一行空两格写“兹聘请××……”。

(3) **正文** 聘请书的正文一般包括以下一些内容：

1）交代聘请的原因和请去所干的工作，或所要担任的职务。

2）写明聘任期限，如“聘期两年”“聘期自2000年2月20日至2005年2月20日”。

3）聘任待遇。聘任待遇可直接写在聘请书之上，也可另附详尽的聘约或公函写明具体的待遇，这要视情况而定。

4）正文还要写上对被聘者的希望。这一点一般可以写在聘请书上，也可以不写，而通过其他的途径使受聘人切实明白自己的职责。

(4) **结尾** 结尾一般写上表示敬意和祝颂的结束用语，如“此致敬礼”“此聘”等。

(5) **落款** 落款要署上发文单位名称或单位领导的姓名、职务，并署上发文日期，同时要加盖公章。

3. 聘请书的写作要求

1）聘请书要郑重严肃，对有关招聘的内容要交代清楚。同时，聘请书的书写要整洁、大方、美观。

2）聘请书一般要短小精悍，不可篇幅太长，语言要简洁明了、准确流畅，态度要谦虚诚恳。

3）聘请书是以单位名义发出的，所以一定得加盖公章，方视为有效。

细节透视

聘请书的使用情况

学校、工矿企业等在需要某方面有特长或有专业技能的人才时，会发出聘请书。这种情况下，往往是用人单位承担了某项工作，靠自己本单位或现有的人才资源无法顺利完成任务；或者由于企业的发展、事业的扩大，需重新聘用一些有专长，能在工作中起重大作用的人。总之，这是一种对专业人才所发的聘书。

社会团体或某些重要的活动为了提高自身的知名度、扩大影响力，常常聘请一些有名望的人加盟或参与，以期更好地开展活动。比如，聘请名人做顾问，做指导，作为某项比赛的评委等均属于这种情况。

例文五

聘 请 书

××教授：

为提高我院的科研水平，本院成立了科研项目评估委员会，特聘请您为该委员会学术顾问，指导我院的科研工作，为期5年。聘用期间您可享受我院最高级别待遇。

此致

敬礼

××院科研项目评估委员会

×年×月×日

例文六

聘 书

赵××同志：

兹聘请您为×家电集团维修部总工程师、主任，聘期自×年×月×日至×年×月×日，聘任期间享受集团高级工程师全额工资待遇。

×家电集团（章）

×年×月×日

例文七

聘 书

王××先生：

兹聘请您担任××有限公司法律顾问，协助本公司处理有关法律方面的事宜，年薪贰拾伍万（250000）元整。聘期一年（2018年12月1日—2019年12月1日）。

此聘

××有限公司（公章）

×年×月×日

想一想

聘请书的作用

1. 可作为加强协作的纽带。当一个单位承担了某项任务或开展某项工作时，若本单位缺乏一些必要的人才，需从外单位延请，就需要使用聘书。聘书也就成了互通有无、调剂力量、加强协作和互相支援的重要手段，起到把需要方和援助方紧紧地联系起来的纽带作用。

2. 可增强应聘者的责任感和促进人才交流。出于需方对应聘者的信任和尊重。聘书的授予会加强应聘者的工作责任感，能更好地发挥他们的聪明才智，使他们得到一个充分施展才能的机会。

相关知识链接

请柬和邀请函的区别

邀请函和请柬均属于对客人发出邀请时使用的专用礼仪信函。在当今社会组织的公共关系活动中，邀请函和请柬的应用非常广泛和频繁，是社会礼仪交际的重要媒介和平台，但二者有着重要的差异，写作时不可混淆使用。

1. 内涵性质上的差异：邀请函一般是为具有实质性工作、任务或事项发出的，如学术研讨会、科技成果鉴定会等；而请柬一般是为礼仪性、例行性、娱乐性活动发出的，如上述的“庆典”“娱乐”“晚会”等。

2. 邀请对象上的差异：邀请函的邀请对象与主人是宾主关系，而非上下级关系或管理与被管理的关系；而请柬的邀请对象与主人有时存在着上下级关系或管理和被管理的关系。

3. 身份礼仪上的差异：邀请函的邀请对象与邀请者无上下级关系或管理与被管理的关系，可使用一般性敬语；而请柬的邀请对象与邀请者或是存在着上下级关系或管理和被管理的关系，或是专家、社会名流、好友亲朋等，感情色彩较浓，要使用重要性敬语。

4. 结构要素上的最大差异：邀请函可用信封通过邮局寄出，或通过电子邮件发送；请柬大多由“里瓤”和“封面”构成，属于折叠并有封面的形式，封面写上“请柬”或“请帖”两字，要求设计美观、装帧精良，可用美术体的文字和烫金，图案色彩装饰以鲜红色的居多，表示喜庆。

5. 语言特征上的差异：由于二者在邀请对象和身份礼仪上的差异，所以邀请函的语言要准确、明白和平实，而请柬的语言务必简洁、庄重和文雅。

思考与练习

一、简答题

1. 请柬的写作格式是怎样的？

2. 聘请书的作用是什么？

3. 礼仪文书包含哪些文种？

二、改错题

1. 请　柬

×××同志：

您好！工作一定很忙吧！

兹我校定于12月5日召开校友座谈会。请您做好准备，务必准时出席。

此致

敬礼

二〇一八年十二月一日

××高中办公室

2. 请 柬

×电视台：

兹定于5月4日晚8时整，在×大学礼堂举行“五四”青年诗歌朗诵会，届时恭请贵台派记者光临。

×大学团委会
5月2日

3. 聘 请 书

×××同志：

特聘请您为校第×届秋季运动会裁判员。请于×月×日到我校体育部报到。

此聘

×大学
×年×月×日

4. 聘 书

兹聘请王工程师为本公司技术顾问，希望不要推辞为盼。

此聘。

××公司
2018年10月22日

三、制作题

1. ××技工学校于2018年11月4日晚7：00～8：00在本校的学术报告厅举行优秀学生事迹报告会，邀请××公司领导前来参加，请你代学校办公室写一份请柬。

2. ××职业学院欲聘请××公司技师刘××为学校教师，请代拟一份聘书，聘期为三年。

第二节 欢迎词、欢送词

学习重点

★ 了解欢迎词、欢送词的概念及特点。

★ 掌握欢迎词、欢送词的写作要领，能按欢迎词、欢送词的基本格式进行写作。

写作指导

一、欢迎词

1．欢迎词的概念

欢迎词是指客人光临时，主人为表示热烈的欢迎，在座谈会、宴会、酒会等场合发表的热情友好的讲话。

欢迎词的特点

1. 欢愉性。
2. 口语性。
3. 简洁性。

2. 欢迎词的种类

(1) 从欢迎词的表达方式上分类

1）现场讲演欢迎词。一般由欢迎人在被欢迎人到达时在欢迎现场口头发表的欢迎稿。

2）报刊发表欢迎词。这是发表在报刊或公开发行刊物之上的欢迎稿，一般在客人到达前后发表。

(2) 从欢迎词的社交的公关性质上分类

1）私人交往欢迎词。私人交往欢迎词一般是在个人举行较大型的宴会、聚会、茶会、舞会和讨论会等非官方的场合下使用的欢迎稿，通常要在正式活动开始前进行。私人交往欢迎词往往具有很大的即时性、现场性。

2）公事往来欢迎词。这样的欢迎词一般在较庄重的公共事务中使用。要有事先准备好的得体的书面稿，文字措辞上的要求较私人交往欢迎词要更为正式和严格。

3. 欢迎词的写作方法

欢迎词的结构由标题、称呼、开头、正文、结语和署名六部分构成。

(1) **标题**　标题有两种形式。

1）欢迎场合或对象加文种构成，如“在校庆75周年纪念会上的欢迎词”。

2）用文种“欢迎词”作标题。

(2) **称呼**　标题下第一行顶格写称呼对象，后加冒号。面对宾客，宜用亲切的尊称，如“亲爱的朋友”“尊敬的领导”等。

(3) **开头**　用一句话表示欢迎的意思。

(4) **正文**　说明欢迎的情由，可叙述彼此的交往、情谊，说明交往的意义。对初次来访者，可多介绍本组织的情况。

(5) **结语**　用敬语表示祝愿。

(6) **署名**　用于讲话的欢迎词无须署名。若需刊载，则应在题目下面或文末署名。

4. 欢迎词的写作要求

(1) **看对象说话**　欢迎词多用于对外交往。在各社会组织的对外交往中，所迎接的宾客可能是多方面的，如上级领导、检查团、考察团等。来访目的不同，欢迎的情由也应不同。欢迎词要有针对性，针对不同的对象表达不同的情谊。

(2) **看场合说话**　欢迎的场合不同，仪式也是多种多样的，有隆重的欢迎大会、酒会、宴会、记者招待会，有一般的座谈会、展销会、订货会等。欢迎词要看场合说话，该严肃则严肃，该轻松则轻松。

(3) **热情而不失分寸**　欢迎应出于真心实意，热情、谦逊、有礼，语言亲切，饱含真情，注意分寸，不亢不卑。

(4) **关于称呼** 由于是用于对外（本组织以外的宾客）交往，所以欢迎词的称呼比开幕词、闭幕词更具有感情色彩，更需热情有礼。为表示尊重，要称呼全名。在姓名前或后面加上职衔或“先生”“女士”“亲爱的”“尊敬的”“敬爱的”等敬语表示亲切。

细节透视

欢迎词的作用

欢迎词是社交礼仪演讲词的一种，使用较多，言辞热情，旨在对来宾表示欢迎和尊重，表达友好交往，增强交流与合作的心愿，营造和强化友好、和谐的社交气氛。

例文一

女士们、先生们:

值此×厂30周年厂庆之际，请允许我代表×厂，并以我个人的名义，向远道而来的贵宾们表示热烈的欢迎。

朋友们不顾路途遥远专程前来贺喜并洽谈贸易合作事宜，为我厂30周年厂庆更添了一份热烈和祥和，我由衷地感到高兴，并对朋友们为增进双方友好关系作出努力的行动，表示诚挚的谢意！

今天在座的各位来宾中，有许多是我们的老朋友，我们之间有着良好的合作关系。我厂建厂30年能取得今天的成绩，离不开老朋友们的真诚合作和大力支持。对此，我们表示由衷的钦佩和感谢。同时，我们也为能有幸结识来自全国各地的新朋友感到十分高兴。在此，我谨再次向新朋友们表示热烈欢迎，并希望能与新朋友们密切协作，发展相互间的友好合作关系。

“有朋自远方来，不亦乐乎。”在此新朋老友相会之际，我提议：

为今后我们之间的进一步合作，

为我们之间日益增进的友谊，

为朋友们的健康幸福，

干杯！

例文二

欢迎词

亲爱的同学们:

大家上午好！

今天，是一个阳光灿烂的日子，我们迎来了2018级新同学。你们带着青春活力，带着对知识的不懈追求，带着对职校生活的无限憧憬，迈进了我们的校园。你们的到来给我们带来了欢乐。在此，我谨代表学院全体师生对你们表示最诚挚和最热烈的欢迎——欢迎你们，新同学！欢迎你们来到我们××职业技术学院，欢迎加入我们××职业技术学院这个大家庭。

“宝剑锋从磨砺出，梅花香自苦寒来。”带着父母的嘱咐，带着期盼，带着新奇，你们踏进了心中向往已久的校园，一切会是陌生的——新环境、新面孔、新起点，这一切也许会令你感到新鲜和好奇。或许昨天你们还感觉离学校很遥远，而今天你们已经站在了新起点上；或许这里不是你们最初的梦想，但这里却将成就你未来的辉煌；或许现在你们还感觉很迷茫，让我们引领你们步入理想的殿堂。当你跨进这所美丽的校园，你就成了我们大家庭的一员，在这个大家庭里，充满着真情，充满着友爱，充满着对一切美好事物的追求。在这个大家庭里，你将在优美的校园环境中陶冶你的情操，尽情发挥你的特长，丰富你的学识，攀登科学的高峰，实现你的梦想。

来到这里，我相信你们会很快适应这里的学习生活。因为这里既有领导和老师父母般的关怀与教导，也有同学们兄弟姐妹般的帮助。来到这里，你们将拥有更加广阔的舞台，团委、学生会、各种学生社团都将为大家提供展现自我的平台，为你们的成长提供助力，大家的课余生活也将更加丰富多彩。总之，只要你是优秀的，只要你有勇气，你总能有机会一显身手。“长风破浪会有时，直挂云帆济沧海。”让我们揽万卷文采，汲百代精华，踏实地走好每一步，共同携手，用我们的激情、智慧和努力在这片新的天地里谱写属于我们自己绚丽多彩的青春之歌！

最后祝大家在校期间快乐、幸福！

想一想

欢迎词写作的注意事项

欢迎词是出于礼仪的需要而使用的，因此要十分注意礼貌。具体而言，要注意以下几点：

1. 称呼要用尊称，感情要真挚，要能较得体地表达自己的原则立场。
2. 措辞要慎重，勿信口开河，同时要注意尊重对方的风俗习惯，应避开对方的忌讳，以免发生误会。
3. 语言要精确、热情、友好、温和、礼貌。
4. 篇幅短小，言简意赅。一般的欢迎词都是礼节性的外交或公关辞令，宜短小精悍，不必长篇大论。

相关知识链接

节庆活动欢迎词惯用章法

节庆活动欢迎词正文写作的惯用章法：

首先，表示欢迎。这是节庆活动欢迎词正文的开头部分，一般要用简洁的文字交代致辞的背景，即什么活动开幕了，然后用热情的话语对来宾表示欢迎，也可以向来宾或者有关方面（人士）兼表祝愿或者感谢。

其次，阐释意义。为什么要举办节庆活动，目的何为，意义何在，这是节庆活动欢迎词中一般应当予以交代的。

再次，展示优势，也可以说树立形象。这是节庆活动欢迎词正文的重心所在。当下利益重要，长远利益更重要。

最后，表达祝愿。这是节庆活动欢迎词正文的结尾部分，一般用简洁的句子祝愿活动圆满成功，或者祝愿来宾生活愉快，并另起段落以“谢谢大家！”“谢谢各位！”这样的礼仪结语结束全文。

二、欢送词

1. 欢送词的概念

欢送词是指在宾客结束工作、会议、参观访问或其他活动时，主人为表达对客人的欢送之意而做的讲话稿。

欢送词的特点

1. 惜别性。
2. 简洁性。
3. 口语性。

小资料

2. 欢送词的写作方法

欢送词一般由四部分组成：

（1）**标题** 只需将“欢迎词”改成“欢送词”即可。有两种写法：一种是直接以“欢送词”为题；另一种是由致辞人、致词场合和文种组成，如“×××在欢送×××宴会上的演说”。

（2）**称谓** 与欢迎词写法相同。写对欢送对象的称呼，要把所有的来宾都包括进去，根据主客关系而定。称呼要用全称，并使用尊称，如“尊敬的”“敬爱的”等修饰语，以显示庄重和尊敬。

（3）**正文** 开头先写致词人代表谁向来宾表示欢送，同时表达依依惜别之情。

1）用于外交礼仪的欢送词，正文要对客人来访期间取得的成绩、为进一步发展双方的友好关系及工作上的合作做出的贡献给予充分的肯定赞扬，并阐明来访的深远意义和影响。

2）用于欢送来访的专家、学者的欢送词，可以回顾彼此相处时建立的友谊，对他们的帮助、指导表示谢意，对他们的学术水平、技能水平表示肯定。

3）用于欢送学生毕业、军人退伍、工作人员调离岗位的欢送词，可以回顾相处时在学习、训练、工作中所取得的成绩和建立的友谊，并表达依依惜别之情。

（4）**结尾** 要对来宾表示惜别之情，发出再次来访的邀请，并祝愿来宾一路平安。

细节透视

欢送词的作用

1. 表达亲朋远行时的感受。
2. 抒发依依惜别之情。
3. 肯定活动成就。

例文三

欢 送 词

同志们、朋友们：

在两个星期以前，我们愉快地在这里欢聚一堂，热烈欢迎×××博士。今天，在×××博士访问了我国的许多地方之后，我们再次欢聚一起，感到特别亲切、高兴。×××博士将于明天回国。

×××博士的访问虽然短暂，然而是极其成功的。在访问期间，他会晤了有关方面的领导同志，并认真研究了我国的政治、经济、文化和教育。

在向×××博士告别之际，我们真诚地希望×××博士给我们提出批评、指导的宝贵意见，以便我们改进工作。同时，我们想借此机会请他转达我们对×国人民的深厚友谊，请他转达我们对他们的亲切问候和敬意。

祝×××博士回国途中一路平安，身体健康！

例文四

毕业典礼欢送词

尊敬的各位领导、老师，亲爱同学们：

大家好！

又是一年花开季，又是一季梦圆时。今天，伴随着毕业典礼大会的召开，在座的各位三年级同学即将离开我们朝夕相处的校园，去开创新的天地，放飞新的理想。作为一名在校生，我很荣幸能在这个特殊的时刻一起分享你们毕业的喜悦。首先，我代表全体在校生预祝各位：金榜题名，一帆风顺！

今天将是一个难忘的日子，母校、老师和全体学弟学妹欢送你们。在此依依惜别之际，我又仿佛看到了你们在明静的教室里孜孜不倦读书的身影，是你们榜样的力量，鼓舞我们发奋图强。你们的今天就是我们的明天。三年的职专时光如白驹过隙，如今已深烙在你们的记忆深处。静听现在的心情，我们有着相同的喜悦，也有难以言表的留恋；回望过去，你们把最美好的年华留给了职专，学校也给了你们生命中最难忘的记忆！

此时此刻，我的心中满是感恩：是你们把我们接进职专的大门，是你们教会我们适应这里的新环境；你们的沉稳有礼，磨去了我们年少的轻狂浮躁，你们的谦虚踏实，坚定了我们前进的理想信念。忘不了新生入学时你们帮我们提行李那汗流浃背的场景；忘不了艺术节上你们那优美的舞姿和动听的歌声；忘不了篮球场上你们嘹亮的呐喊和矫健的身姿；忘不了文明宿舍建设中你们的悉心指导和耐心帮助；更忘不了我们困惑时你们的耐心开导……亲爱的学长，生命中的三年，仅仅是一个瞬间，而职专的三年，你们的理想，你们的激情，你们青春的倩影，奋斗的足迹，将永远铭记在我们心中，铭刻在学校的发展史册上。

今天，在这段旅程即将画上一个圆满句号之际，作为学弟学妹的我们，会以饱满的热情为各位学长的顺利离校提供力所能及的便利；同时，我们也相信你们的文明离校将镌刻成职专生活中最后一串微笑，回响在我们共同的记忆中！

人生经历的不过就三天，昨天、今天和明天。

昨天，是2015年的9月，叫开学。

今天，是2018年的5月，叫毕业。

明天，是蕴含着奋斗的每一天。各位学长将要步入大学的校门。我们深信，不管你们的足迹在哪里，你们一定会有骄人的成绩，一定会在每一个属于自己的位置上怀揣自己的理想，书写自己的青春，描绘你们未来的绚丽篇章。

最后，再次祝愿各位学长在高考中勇创佳绩，在以后的成功之路上走得更高、更稳、更远！祝愿我们的学校更加辉煌！

谢谢大家！

例文五

欢　送　词

各位亲爱的朋友们：

首先，十分感谢大家旅途期间对我们的信赖与配合，“有朋自远方来”，我们像朋友似的在这梦幻般的地方领略大自然的美丽风光，体会民族文化的奥妙，相信你们和我一样陶醉，也期望你们和我一样开心。在分手之前，让我献上对你们最真诚的祝福，愿小朋友像这椰林一样永远充满生机，茁壮成长；祝各位叔叔、阿姨福如东海，寿比南山。

心系天涯，身处海角，欢迎各位朋友明天、后天再次走进这座美丽的岛屿，而我们也能再次为大家服务。

最后，祝你们归途一路顺风，谢谢！

例文六

欢　送　词

亲爱的王天赐同学：

你平时言语不多，却用行动为我们做出了榜样。大学生参加志愿活动，在中国是开风气之先的行为，我们年轻人就应该到实践中去，到现代化建设的第一线去，到基层和艰苦地方去，经风雨、见世面、长才干、做奉献。天赐，你到了云南，要尽快把那边的情况告诉我们，有什么需要我们做的，我们大家一定全力相助。你是我们学校、我们系的代表，也是我们大家的骄傲。我们会向你学习，积极参加各种志愿活动，为社会、为他人贡献自己的一份力量。

希望你到那边吃得多，身体棒棒，歌唱得更响亮。

祝天赐旅途顺利！工作顺利！

例文七

让我们扬眉出剑——在××学院毕业典礼上的讲话

北京　苗××

同学们：

花开花谢，潮起潮落，三年的校园时光马上就要结束，作为即将要跨出校门的毕业生，我们应该做些什么？应该怎样把我们自己的形象和最后的努力，自己的梦想和民族的希望紧紧连在一起？

“毕业生”这三个沉甸甸的字眼今天终于落在我们头上。但我们蓦然发现，这并不是什么耀眼的光环，反而是一种压力，甚至可以说是一种无奈，一种你非往前走不可的无奈。

这也是一种动力，一种责任。一种催人奋进的动力，一种青年人不可推卸的责任。不久，我们就会握手言别，各奔东西，但无论你是远赴天涯、戍守边疆，还是工作于条件优越的大都市，有一点是相同的，那就是，我们真正开始了从军报国的生涯。父辈已经把希望寄托在我们身上，我们靠什么来实现父辈的那为之梦回千转的希望呢？靠的是我们手中的“剑”！

我们手中的剑，不光是指自己的专业知识是否过硬，还有自己的报国思想是否坚定，自己的身体素质是否优秀……所有这些，铸成了我们手中这把来日依其建功立业的长剑！

十年磨一剑！

这把剑我们已经磨了很久，就要派上用场了。再把剑磨利些，再把剑擦亮些。毕业来临时，祖国、人民都会凝视着我们拔出长剑，看我们手中的长剑是否寒光闪闪。看纷繁的日月，许多勇士冲锋陷阵，谱写了一曲又一曲惊天动地、荡气回肠的歌。我们相信，年轻的军人大学生们也一定能在地平线上立下一柱又一柱的辉煌。

同学们，让我们扬眉出剑吧！

想一想

欢送词写作的注意事项

1. 用尊称，注意宾客身份，致辞诚恳、健康。
2. 尊重对方风俗习惯，以免发生误会。
3. 语言要精确、热情、友好、温和、礼貌。
4. 掌握来宾来访期间的活动情况，包括访问所取得的进展。

相关知识链接

“欢送词”与“欢迎词”的区别

“欢送词”是令人难忘的送别尾声，如果说“欢迎词”给宾客留下美好的第一印象是重要的，那么送别时致好“欢送词”，给宾客留下的最后的印象将是深刻的、持久的！有水平、符合规范的“欢送词”，必不可少的是表示惜别，肯定意义，期盼重逢。

思考与练习

一、简答题

1. 欢迎词的概念是什么？

2. 欢迎词的写作要求有哪些？
3. 什么是欢送词？
4. 阅读例文，总结一下欢送词与欢迎词最大的不同点。

二、改错题

下面一则应用文在格式、内容方面存在许多不当的地方，请指出并加以改正。

致毕业生欢送词

各位领导、老师、学长、学姐们你们好：

时间从指间流走，我们即将面临分离，心中充满了不舍。在学校，你们不仅不断提升自己，还在不断鞭策着我们。你们告诉我们，对于生活，应该永远保持乐观积极的态度，不管遇到任何事都不可以轻易放弃。学长、学姐们，你们是无私的，感谢你们与我们分享这宝贵的经验，我们将永远铭记在心。

毕业，是人生的一个转折点，但愿各位学长、学姐能飞得更高、看得更远。

在此，我谨代表学校全体在校生，祝所有的学长、学姐们早日实现远大的理想，拥有美好的未来。

三、写作题

1. 我院的协作单位××经贸学校的领导和老师一行来我院参观，作为东道主的你将如何表达对他们的欢迎。

2. 财贸1998届毕业生在我校举行毕业20周年聚会，作为学弟、学妹的你如何向他们介绍你们的母校，表达对他们的欢迎？

3. ××武警总队的教官们来我校进行新生的军事培训训练，与你们朝夕相处一个月，结下了深厚的友谊。现在他们即将结束训练，返回总队。请你代表全班同学拟写一份欢送词，准备在欢送会上发言，以此来回顾在一起度过的美好时光，表达依依惜别的不舍之情。

4. ××技师学院的教师王××到××省××县××乡支教，学校为该教师举行欢送会，请你代写一份欢送词。

第三节 祝 词

学习重点

★ 了解祝词的概念、特点及类别。
★ 掌握祝词的写作要领，能按祝词的基本格式进行写作。

写作指导

一、祝词的概念

祝词也称为祝辞，泛指在各种喜庆场合对人、事情表达愿望或表示庆祝的言辞或文章，是日常应用写作的重要文体之一。

祝词的特点

1. 祝愿性。
2. 真实性。
3. 目的性。
4. 仪式性。

二、祝词的种类

祝词从表达形式上可分为韵文体（诗、词）和散文体两种类型，根据内容不同可以划分为祝事业、祝酒、祝寿、祝婚和祝节日等。

1. 祝事业

多用于重大会议开幕、工厂开工、商店开业、展览剪彩、亲朋好友工作学习取得成果，以及其他纪念活动等，祝愿事业顺利进行，早日成功。这类祝词也兼有贺的意思，如“热烈庆祝×大酒店盛大开业”“祝你事业有成，家庭幸福”等。

2. 祝酒

用于宴会、酒会上，传达祝酒者美好的愿望。用途很广，可用于国宴祝酒、家宴祝酒、节日祝酒、生日祝酒、饯行祝酒和接风洗尘祝酒等。如王维的诗句“劝君更尽一杯酒，西出阳关无故人”，表达了对好友即将离去的一种眷恋惜别感情。好的祝酒词能为宴席增添气氛，赢得社交的成功。

祝酒词分简短式和长篇式两类。简短式的祝酒词不需要拟写，可即席而讲，如“为我们合作愉快干杯”“为你的健康干杯”等。长篇式祝酒词主要是在公务活动的大型酒会上由负责人所致的祝词。其显著特点在于结尾的提议，要说明为什么干杯，祝语既要突出客（主）人中的代表人物，又要兼顾所有的参加者，如“我请大家跟我一起举杯，为×××先生，为所有在座的贵宾，干杯”。

3. 祝寿

一般是对祝寿对象表示良好的愿望，希望他们健康长寿。

祝寿也说贺寿，祝福他人，但也有用于对自己的祝愿、自勉，称为自寿。根据中国人的传统习惯，祝寿的对象主要是老人，祝愿其“福如东海，寿比南山”“共享天伦之乐”等。

4. 祝婚

祝婚词是与婚礼同时产生的，一般是祝愿新婚夫妇幸福美满。《诗经・桃夭》有祝婚歌：“桃之夭夭（小桃儿长得嫩嫩的），灼灼其华（红红的花儿真耀眼）。之子于归（好姑娘要出嫁了），宜其室家（家庭生活一定美好）！”

三、祝词的写作方法

祝词一般由四部分组成。

1．标题

标题写在第一行居中的位置，通常有两种写法：一是直接写“祝词”；二是写出具体祝贺的内容，由讲话者、会议名称和文种构成，如“××市长在×市×晚宴上的祝词”。

2．称呼

在标题之下第一行顶格书写，以示尊重。可以根据与会者的身份来定，如“各位女士、各位先生”“同学们”等。为表示热情、亲切、友好，前面可加修饰语“亲爱的”“尊敬的”等。对人的称呼按照书信写作的要求来写即可，祝事业的直呼单位或部门名称即可，要注意称呼的先后顺序和亲切感。

3．正文

正文是祝词的核心。这部分写法比较灵活，要求针对不同的祝贺对象，不同的祝贺动机，写出相应的祝贺内容。它包括以下内容：一是表明自己的身份及代表谁讲话；二是对与会者的问候；三是表示欢迎、欢送和祝贺的意思，如“值此……之际”“我谨代表……向……表示热烈祝贺”等；四是说明聚会的原因；五是对过去的评价和对未来的祝愿。

4．结束语

正文结束后常用一句礼节性的祝颂语结束全文。

另外，如果在标题部分对祝者的名称（单位或个人）以及发祝辞的年月日没有明确表述，则最后在正文的右下方可写落款。

细节透视

祝词的作用

1. 传达热情、喜悦、鼓励、希望和褒扬之情。
2. 使对方感觉到温暖和愉快，受到激励和鼓舞。

例文一

周恩来总理在欢迎美国总统尼克松的宴会上的祝酒词

总统先生，尼克松夫人:

女士们，先生们，朋友们:

首先，我高兴地代表毛泽东主席和中国政府向尼克松总统和夫人，以及其他的美国客人们表示欢迎。

同时，我也想利用这个机会代表中国人民向远在太平洋彼岸的美国人民致以亲切的问候。尼克松总统应中国政府的邀请，前来我国访问，使两国领导人有机会直接会晤，谋求两国关系正常化，并对共同关心的问题交换意见。这是符合中美两国人民愿望的积极行动，这在中美两国关系史上是一个创举。

美国人民是伟大的人民。中国人民是伟大的人民。我们两国人民一向是友好的。由于大家都知道的原因，两国人民之间的来往中断了二十多年。现在，经过中美双方的共同努力，友好来往的大门终于打开了。目前，促使两国关系正常化，争取缓和紧张局势，已成为中美两国人民强烈的愿望。人民，只有人民，才是创造世界历史的动力。我们相信，我们两国人民这种共同愿望，总有一天是要实现的。

中美两国的社会制度根本不同，在中美两国政府之间存在着巨大的分歧。但是，这种分歧不应当妨碍中美两国在互相尊重主权和领土完整、互不侵犯、互不干涉内政、平等互利和和平共处五项原则的基础上建立正常的国家关系，更不应该导致战争。中国政府早在1955年就公开声明，中国人民不想同美国打仗，中国政府愿意坐下来同美国政府谈判。这是我们一贯奉行的方针。我们注意到尼克松总统在来华前的讲话中也说到，“我们必须做到的事情是寻找某种办法使我们可以有分歧而又不成为战争中的敌人”。我们希望，通过双方坦率地交换意见，弄清楚彼此之间的分歧，努力寻找共同点，使我们两国的关系能够有一个新的开始。

最后我提议：

为尼克松总统和夫人的健康，

为其他美国客人们的健康，

为在座的所有朋友和同志们的健康，

为中美两国之间的友谊，

干杯。

例文二

一校两区相辉映，人文生态齐芬芳。广大附中在经历几次大的飞跃之后，又成为国家级示范性高中，教育教学质量一直处在同类学校的前列。学校连续18年获广州市毕业班工作一等奖或特等奖，学生在奥数、科技、艺术和体育等方面获奖数量越来越多、层级越来越高。近三年获国家奥数一、二等奖达百来人，其中二人入选国家队，代表祖国参加了世界奥林匹克数学竞赛，并分获银、铜奖。学校机器人、车模社团多次参加世界杯邀请赛，并获殊荣，为学校赢得一个又一个荣誉。

六十年一个甲子，为我们留下了厚重的历史；六十年不长，我们依然年轻。泰山不让土壤，故能成其大；河海不择细流，故能就其深。过去的成绩是我们今后发展的起点，我们一定本着“以生为本、与时俱进，培养面向未来的人才”的办学理念，在新的岁月长河里，奋发图强。广附的明天一定更美好。

学校办学，需要社会各界的帮助和扶持，我们真诚地希望每一位校友，以拳拳之心、灼灼之意为母校的发展，挥洒才华、贡献智慧，一如既往地关注母校的发展。诚如古人所言，若是智者尽其深，勇者竭其力，仁者播其惠，信者效其忠，附中就一定能在新一轮发展中实现跨越，进位赶超，为学校的可持续发展做出更大的贡献。

例文三

庆贺乔迁新居祝词

各位来宾，女士们、先生们：

大家好！

今天我们在这里欢聚一堂，共同参加××、××夫妇乔迁新居之庆。承蒙各位来宾的深情厚谊，我首先代表××先生与××女士，对各位的到来，表示最热烈的欢迎和衷心的感谢！

××、××夫妇兢兢业业，勤俭持家，如今事业有成，家庭美满、幸福。所以，我在这里也要代表×大酒店和各位来宾，向××、××夫妇乔迁新居表示衷心祝贺！

为感谢各位来宾的深情厚谊，×府在这里略设便宴，望各位来宾海涵赐谅。

各位来宾，让我们举起手中酒杯，共同祝福××、××一家财源广进、合家欢乐！祝各位来宾，财运亨通、四季康宁！

例文四

父亲节祝词

尊敬的爸爸妈妈、各位兄弟姐妹、各位来宾：

大家好！

今天是个值得纪念的日子，是一年一度的父亲节！我们在这里聚会，为我们的父亲、母亲祝福，祝爸爸妈妈幸福安康，福寿无边！

母爱深似海，父爱重如山。据说，选定6月过父亲节是因为6月的阳光是一年之中最炽热的，象征了父亲给予子女的火热的爱。父爱如山，高大而巍峨；父爱如天，粗犷而深远；父爱是深邃的、伟大的、纯洁而不求回报的。父亲像是一棵树，总是不言不语，却用他枝叶繁茂的坚实臂膀为树下的我们遮风挡雨、制造荫凉。不知不觉间我们已长大，而树却渐渐老去，甚至新发的树叶都不再充满生机。每年6月的第三个星期日是父亲的节日，让我们由衷地说一声：爸爸，我爱你！

每一个父亲节，我都想祝您永远保留着年轻时的激情，年轻时的斗志！那么，即使您白发日渐满额，步履日渐蹒跚，我也会拥有一个永远年轻的父亲！

例文五

升学饯行祝酒词

尊敬的各位来宾，女士们、先生们：

在这金秋送爽、锦橙飘香的日子，我们欢聚一堂，恭贺××、××夫妇的公子××金榜题名，高中×大学。承蒙来宾们的深情厚谊，我首先代表××先生、××女士和××同学，对各位的到来，表示最热诚的欢迎和最衷心的感谢！

所谓人生四大喜事：“久旱逢甘露，他乡遇故知。洞房花烛夜，金榜题名时。”我们恭喜××成功地迈出了人生的重要一步。

朋友们，十年寒窗苦，在高考考场过五关斩六将的××同学此时此刻的心情是什么？春风得意马蹄疾，一日看尽长安花。我提议，第一杯酒，为英才饯行！××同学即将远离亲人，远离家乡挑战人生，请接受我们共同的祝福：海阔凭鱼跃，天高任鸟飞！第二杯酒，祝愿××全家一帆风顺、二龙腾飞、三阳开泰、四季平安、五福临门、六六大顺、七星高照、八方走运、九九同心！第三杯酒，祝各位来宾四季康宁、事事皆顺！

朋友们，干杯！

常见祝词

祝新婚

天作之合　心心相印　永结同心　相亲相爱　百年好合　永浴爱河
佳偶天成　宜室宜家　白头偕老　百年琴瑟　花好月圆　福禄鸳鸯
天缘巧合　美满良缘　郎才女貌　情投意合　夫唱妇随　珠联璧合
凤凰于飞　美满家园　相敬如宾　同德同心　花开并蒂　缔结良缘
成家之始　鸳鸯璧合　文定吉祥　姻缘相配　白首成约　终身之盟
盟结良缘　许订终身

祝寿

松柏常青　福如东海　寿比南山　南山献颂　日月长明　鹤寿添寿　奉觞上寿
松林岁月　福禄双星　日年偕老　天上双星　双星并辉　松柏同春　华堂偕老
鸿案齐眉　寿域同登　家中全福　东海之寿　南山之寿　河山同寿

贺生子

天赐石麟　啼试英声　德门生辉　熊梦呈祥　明珠入手
辉增彩悦　玉树联芬　棠棣联辉　班联玉荀　花萼欣荣

贺新居落成

饴座腾欢　兰阶添喜　莺迁乔木　燕入高楼　玉荀呈祥　鸣凤栖梧
燕贺德邻　室接青云　堂构增辉　新基鼎定　堂构更新　焕然一新

贺商店开幕

大展经纶　万商云集　骏业日新　骏业崇隆　骏业宏开　陶朱媲美
货财恒足　贺金融界　裕国利民　欣欣向荣　信用卓著　繁荣社会

贺医界

万病回春　活人济世　功同良相　著手成春
华佗妙术　良相身医　病人福音　医术精湛

赠政界

政通人和　为国为民　造福人群　丰功伟绩　口碑载道　德政可风
功在桑梓　善政亲民　政绩斐然　造福地方　公正廉明　万众共钦

贺当选

自治之光　众望所归　为民前锋　弘扬法治
民主之光　为民造福　光大廉政　造福桑梓

想一想

祝词写作的注意事项

1. 要符合双方关系。
2. 要言之有情，恰如其分。
3. 要符合对方的文化传统、风俗习惯。

相关知识链接

“祝词”与“贺词”的区别

“祝词”和“贺词”有时被合称为祝贺词，二者都是泛指对人、对事表示祝贺的言辞和文章，它们都富于强烈的感情色彩，针对性、场合性也很强。因此，祝词和贺词在某些场合可以互用，如祝寿也可以说贺寿，祝事业的祝词常常也兼有贺词的意思。虽然祝词与贺词有时可以互用，但二者所包括的含义并不相同。严格地说，二者是有区别的。祝词一般对象是事情尚未成功，表示祝愿、希望的意思；而贺词一般对象是事情已成，表示庆贺、道喜的意思。如祝贺生日诞辰、结婚纪念、竣工庆典、荣升任职等，一般用贺词的形式表示庆贺、道喜。另外，贺词使用范围比较广，如贺信、贺电，也属于贺词类。

思考与练习

一、简答题

1. 什么是祝词？祝词的种类有哪些？
2. 祝词的特点是什么？
3. 阅读例文，总结一下祝词的写作方法。

二、改错题

下面一则应用文在格式、内容方面存在许多不当的地方，请指出并加以改正。

生日宴祝酒词

各位领导、老同学们：

值此尊敬的老师××华诞之时，我们欢聚一堂，庆贺恩师健康长寿，畅谈离情别绪，互勉事业腾飞，这一美好的时光，将永远留在我们的记忆里。

一位作家说：“在所有的称呼中，有两个最闪光、最动情的称呼：一个是母亲，一个是老师。老师的生命是一团火，老师的生活是一曲歌，老师的事业是一首诗。”那么，我们的恩师——尊敬的教师的生命，更是一团燃烧的火，教师的生活，更是一曲雄壮的歌，老师的事业，更是一首优美的诗。

老师在人生的旅程上，风风雨雨，历经沧桑60载，他的生命，不仅限血气方刚时喷焰闪光，而且在壮志暮年中流霞溢彩。

老师的一生，视名利淡如水，看事业重如山。

王××

×年×月×日

三、写作题

1. 中秋佳节马上就要到了，家里人即将团聚在一起，请你拟写一份节日祝词。
2. 毕业十年，作为班长的你要组织一次同学会，请你写一份同学会的祝酒词。

参 考 文 献

[1] 张浩．最新办公室文秘写作必备全书[M]．北京：蓝天出版社，2006．

[2] 王婕，于新秋．应用文写作[M]．北京：中国传媒大学出版社，2009．

[3] 常永坤．技师应用文写作指导[M]．北京：中国劳动社会保障出版社，2008．

[4] 赵丽雅．新编现代应用文写作大全[M]．长春：时代文艺出版社，2010．

[5] 何语华．应用文写作指导[M]．2 版．北京：中国劳动社会保障出版社，2013．

参考文献